欠改革的中国大学

一位哲学学者的教育理念和实践

孙周兴／著

世纪文库
Century Literature

世纪出版集团 上海人民出版社

图书在版编目（CIP）数据

欠改革的中国大学：一位哲学学者的教育理论和实践/孙周兴著.
-上海：上海人民出版社，2014

ISBN 978-7-208-12238-3

Ⅰ.①欠…　Ⅱ.①孙…　Ⅲ.高等教育-中国-文集

Ⅳ.①G649.2-53

中国版本图书馆CIP数据核字（2014）第077612号

出 品 人　邵　敏
责任编辑　邵　敏

封面装帧　Topman Design　五行人平面艺术设计
TEL:021－64750887

世纪文睿 Century Literature　出　品

欠改革的大学

一位哲学学者的教育理念和实践

孙周兴 著

出　　版　世纪出版集团 上海人民出版社

（200001　上海福建中路193号　www.shsjwr.com）

出　　品　世纪出版股份有限公司上海世纪文睿文化传播分公司

发　　行　世纪出版股份有限公司发行中心

印　　刷　启东市人民印刷有限公司

开　　本　890×1240　1/32

印　　张　4.25

字　　数　108,000

版　　次　2014年5月第1版

印　　次　2014年5月第1次印刷

I S B N　978-7-208-12238-3/G·1668

定　　价　20.00元

目 录

欠改革的中国大学（自序）

第一编　　大学精神与教育哲学的反思 / 2
自由理念　人文科学的时代到了 / 7
　　　　　人文学科的意义在于让人学会自由 / 11
　　　　　关于大学外语教学改革的建议 / 16
　　　　　大学是为你们办的，大学是为未来办的 / 19
　　　　　大学学习的理想境界 / 23
　　　　　研究生要如何做研究？ / 26
　　　　　何谓人文，如何教育？ / 32

第二编　　大学教改的几个原则 / 44
大学实务　关于我校学科建设的若干建议 / 51
　　　　　人事的核心是保证个人自由 / 59
　　　　　什么是好的大学行政？ / 68

目录

教授治学机制与学院民主管理 / 72

长院四年的工作总结报告 / 77

未来五年我们做什么？ / 81

从细部开始热爱生活 / 87

第三编
制度设计

人文学院教授委员会章程 / 94

人文学院理事会章程 / 97

人文学院院务委员会章程 / 100

人文学院教师职称评定办法 / 103

人文学院教师教学工作量规定 / 106

人文学院教师科研工作量规定 / 109

人文学院教师岗位考核办法 / 114

人文学院教师学术休假条例 / 119

欠改革的中国大学（自序）

一

2013年1月27日晚上，我跟一批来自沪上各校的理工教授聚餐，大家聊到目前中国教育制度，说到其中的乱象或者说"反动"现象，我当下概括出如下四条：

1、如果让现在的大学教授参加高考，那么没有人能考上大学。我说这话时，没人敢反驳我，因为在座的教授们，无论是哪个大学的教授，没有人有这样的自信。我认为这是中国目前教育制度之变态和病态的最集中的表达，没有一个大学教授考得上现在的大学，而我们作为大学教员，竟然要教和考这些在考试方面堪称我们老师的学生。——这同时也表明，我们的小孩子们有多罪过！

2、所有人都不满于制度，但都在以实际行动支持这个制度。所谓所有人自然也包括我自己。学生们最弱势，自然是无法反抗的，而家长们则一边心里嘀咕着，甚至骂着娘，一边在周末（中华人民共和国国家法定的休息日！）把小孩带到各式各样的补习班去。——这事可谓荒唐透顶。

3、公民有钱想交给大学，想求知问学，但我们的大学却不能满足他们的求知欲。有的公民甚至说：我承认自己智力不高，但我想交钱读点书，行不？公民最后哀求说：我确实不可能在四年之内毕业，但我交钱，我多交点钱，行行好，让我读点书吧，人家智力好的花四年，我就花六年时间行不？——但我们的大学却断然拒绝，这像话吗？

4、公民中有幸运者揣着钱进了大学，却被告知只能读这个专业，必须修这几门课，只能修这几门课，别的都不能选。我们的大学里至今未能给予学生们选专业和选课程的自由。这就好比说，你进了饭店，拿起菜单要点几道自己喜欢吃的菜，但有个凶神恶煞的服务员跑来跟你说：不行，你不能挑挑拣拣的，你只能吃这几道菜，别的菜你是不能点的。——这叫什么事？

中共十八大有一个最大的重点和亮点，就是提出"全面建成小康社会，必须以更大的政治勇气和智慧，不失时机深化重要领域改革"。新任中共总书记习近平先生在十八届中共中央政治局第二次集体学习再次强调，要"深化重要领域改革"。我不知道所谓"重要领域"具体是指哪些，但我想，其中一定包括教育——我们的教育事业是欠改革的！

上面四条已经足以证明这一点。由此推出我的讲法：欠改革的中国大学。

二

　　大学欠改革的后果是什么？后果是尽人皆知的。上面列述的四条其实也就是后果，也是尽人皆知的。不过在此我仍然愿意做两点总结：

　　1、中国现在的大学水准低，未实现大学的本质。按说改革开放三十几年了，中国的经济实力大大提升，在国际上甚至给人"暴发户"的印象，总归是不差钱。但中国的大学呢？根据英国2012年统计的亚洲大学排名，香港科技大学是"亚洲大学第一名"，大陆"名校"北京大学和清华大学分别只排在第13名和第16名。这个排名，据说已经显示内地高校的骄人成绩了，但大陆那些牛哄哄的大学们依然无一进入"亚洲前十"。英国《泰晤士报高等教育副刊》最新发布世界大学排行榜（2012－2013年），大陆的北大、清华名次较去年有所提升，分别位居第46位和第52位。而榜单前10位，美国和英国的大学分占7席和3席。中国香港的大学争得了200强中的4席，弹丸之地香港成为世界上顶尖大学密度最高的地区（以上资料均据网络新闻）。比较起来，我们现在的大学不但不能跟欧美的大学相比，甚至在亚洲也未进入一流队伍。实在是令人羞煞！

　　我愿意指出的是，中国大学之所以处于低水平，根本原因还在于制度，我们的大学制度未满足和体现大学的本质。大学没办好，创新能力当然也匮乏，于是人们就傻傻地设问：为何我们没有创新人才呀？——这还用问吗？科学家钱学森的问法好像是："为什么我们的学校总是培养不出杰出人才？"——这还用问吗？于是也有人开始无奈地缅怀民国时期的大学，那时候多艰苦呀，但西南联大却是培养了一大批优秀人才。

2、我们的子弟和人才流失，出国潮愈演愈烈。这当然是大学没办好的必然后果。如果说20世纪八九十年代的出国潮的主因是当时国内经济条件差，科研条件不好，留学主体是大学毕业的中国成年公民，那么到如今，现在人们不再是因为经济，而更多是因为不满于现行教育制度而出国留学，留学主体成了低龄学子。不久前发布的《国际人才蓝皮书：中国留学发展报告》显示，2008年以来，中国出国留学生以每年20%左右的速度增长，2011年达到近34万人；九成留学生为自费生，且留学生年龄趋于低龄化。留学大众化、低龄化，反映的是民众对现行国内教育制度的深度拒斥和厌恶——切不要以为中国的家长们都是"土豪"，都有钱没地方用，只好让小孩到国外花；切不要以为中国的家长们都愿意让小孩们（多半是独生子女！）远走他乡。那叫没法子的事！是带着绝望的悲哀！

三

本人1980年上的浙江大学，学的是地质学。即便那时候（刚刚改革开放）的大学，大约也比现在的中国大学更像大学，至少精神气是有的。现如今的大学呢，恐怕连这份精神气也没了，差不多处于"失魂落魄"的状态。

1984年大学毕业后迄今已有近三十年，我的人生轨迹可以用下面的大学名称串连起来：山东矿业学院（现改名为山东科技大学）（3年）——浙江大学（2年）——南京大学（2年）——杭州大学（现并入浙江大学）（5年）——浙江大学（3年）——德国伍泊塔大学（2年）——浙江大学（1年）——同济大学（11年）。我于1996年在浙江大学当了哲学教授，至今也已经满17年了，无疑是个老教授了。浸淫已久，我与大学已经密不可分，自然会有种种切身的感受和体会。

我常常设问：我们为何办不好大学？有一位知名学者曾愤愤地说：关了教育部，我们的大学就办好了。这话引起了许多人的赞同。但，别国也有教育部呀——哪个国家没有教育部呢？所以问题恐怕不在有没有教育部，而在于代表政府的教育部是怎样来组织和管理中国的教育事业的。

凡组织必有制度，必有管理。我个人以为，一个好的组织有两个关键点：一是组织内部人人都知道谁是"最高领导"；二是要有一套制度来限制这个"最高领导"的权力。我这个想法可能比较土气，但我以为正是现代民主制度的要义所在。有了这两点，一个组织才能有序、有效地运转。

对照我们今天的大学，我认为就没有达到这两个要求。教育部说：大学实行"党委领导下的校长负责制"。这实在是特别有智慧的、也特别让人痛苦的一个规定，是存心让人不明白谁是"最高领导"。"领导"的是党委，而"负责"的是校长——"领导"的不用"负责"？"负责"的并不"领导"么？于是在不少大学里，书记和校长难免处于紧张博弈和斗争中，经常是有背景、嗓门大的占了上风，但终于让大家明白了谁是"最高领导"，倒还是好事，最可怕的是到书记校长任期结束也未见分晓，还在"肉搏"中。因为大家难以弄清楚谁是"最高领导"，因此上面讲的第二点，即所谓要有一套制度来限制"最高领导"的权力，也就根本谈不上了。

为大学组织正常运行起见，我很想建议教育部，直接明文规定：党委书记是大学的"最高领导"，或者，校长是大学的"最高领导"。总之是要让我们明确地知道谁是"最高领导"——唯一的"最高领导"。然后才可能走第二步，启动大学民主，以学术委员会或教授委员会等学术组织来限制作为"最高领导"的党委书记或者校长的权力。第二步同样重要，若没有对"最高领导"权力的约束，则我们经常看到的现象是：换了个"最高领导"，学校就变个样。

其实说到底，谁是"最高领导"，也应该是由大学教授们（甚至全体教师）来决定的，而不是由"上面"来任命的。"最高领导"的合法性有问题，再加上没有一个制度来约束不明来历的"最高领导"的权力，你说这个大学还能办好吗？

四

　　且以我自己所在的同济大学人文学院为例证。2002年我调入同济任教，成立了德国哲学与文化研究所，开始时因为只有我自己一个人（当时全校最小的研究所），所以无所谓组织和管理事务；两年后组建了哲学与社会学系，我担任系主任，又两年后的2006年我们组建了人文学院，我被选举为院长，四年后再次被推选为院长，一晃十年过去了。这十年中，我自然不断地面临组织和管理的问题。

　　据说也是教育部的规定：大学院系一级，院长（或系主任）是"最高领导"。这真是"婆婆万福"了！在我们院里，"最高领导"是明确的，就是目前暂时由我担任的院长——申明一下：我这个院长是全体教师选举（无候选人选举）出来的，因此是"合法的"。同样值得庆幸的是，在我的主张和推动下，我院实施了以教授委员会为核心的民主管理制度，从而有效地限制了"最高领导"的权力。教授委员会怎么产生的？是全体教授在每年春季学期开学第一天通过无候选人选举而产生的，比如我院现有22位在职教授，在春季学期开学第一天下午两点半，全体教授集中，每人领一张票，上面有22位教授的名字，并不讨论，各自打圈投票，当场唱票，产生本年度的教授委员会（11人或13人）。所以这个教授委员会也是"合法的"——所谓"合法的"，我理解就是传达和体现民意的。

如此，我院组织和制度变得极为简单：实体运作的只有两个组织，一是"院务委员会"，由行政和党委组成，由院长担任主任；二是"教授委员会"，由院领导之外的教授担任主任。合法的"最高领导"加上合法的"教授委员会"，这是我院得以简单明了地运转的制度保证。

这套制度有多好？我不想多说，只讲两点：

其一，院长好当了。以我理解，大家选我当院长，就是把部分权力"让渡"给我了，所以我成了"最高领导"，许多时候大家就得听我的；但如若我没有负责任地使用好大家"让渡"给我的权力，那么我就对不起大家，大家可以启动程序把我免掉。再有，既然我的权力被教授委员会限制了许多，那么我所担当的责任自然也减轻了许多。在我们院里，日常管理上烦人的事不少，但人际简明，难缠添堵的人事不在多数。

其二，大家服气了。本院成立七年了，每年都要评职称，但事前事后，从未有候选人给我打电话求关照，问教授委员会主任陈家琪教授，他说也没有过这种情况（这一点我不敢保证）。这是特别让我感动的一件事。为此我曾在一次全院教师大会上对大家表达了感谢——是真心的感谢，是为了信任的感谢。我想，一个制度让人服气，这就成功了。

五

本书收录我关于大学教育的短小文章，共计24篇。其实拙著《边界上的行者》（上海人民出版社，2011年）之第四编已经收录了我这方面的10篇小文章，其中有关威廉姆·洪堡教育思想的文章较长，有兴趣的读者或可找来一读。

本书分为三编，每编8篇短文，形式上依然工整得很。第一编讲"理念"，表达我关于大学教育的根本性主张——大学理念是制度设计的前提，而我秉持的大学理念，主要是来源于德国伟大的教育思想家威廉姆·洪堡，是一种以人性自由为根本的人文主义教育理想，虽然在当今时代里显得有点老派了，但我以为基本的思想仍旧是积极的、有效的。第二编讲"实务"，发表了我对于大学及学院事务的看法，既有关于大学具体事务的建议，也有作为院长在不同场合的讲话。第三编是"制度"，是从我主持下的同济大学人文学院这些年来所设计的近20个规章制度中挑选出来的。

有关学院的"制度设计"，在此不妨再讲一讲。记得同济大学哲学与社会学系刚刚成立时（更准确地讲是"恢复"，因为早在1946年同济大学就有哲学系），甚至在人文学院组建后头几年，我坚持纯粹的大学自由教育理念，反对量化管理（因为当代人文学术甚至包含着反对量化管理的任务），既没有教师教学工作量的要求，也没有教师科研工作量的要求。结果是什么？结果是好多教师，特别是一些中青年博士讲师，连续好几年少上课（极少数甚至不开课），也没有发表学术成果。我心里想，我们给大家完全的自由，但同志们却承担——享受？——不了这种自由。可见完全的放任肯定是不对的。

因此，在最近几年里，我们改变了策略，开始设计教师"最低工作量"要求。所谓"最低"，可以说是不能更低了，因为我们的要求是：教授、副教授、讲师每周必须分别完成4、5、6个课时的教学任务，每天分别要写90、60、30个字（意思就是：教授每年要完成3篇论文，副教授要完成2篇论文，讲师要完成一篇论文，著作和译著均可折合）。有一回我在全院教师大会上说：如若不这样做，那么几年以后我不当院长了，而我院一些青年教师也在这几年里因为没有制度面的压力而荒废掉了，成了一堆堆"垃圾"，于是大家反思为何如此，最后得出结论，一致认为是当年孙周兴当院长的时候放任大家的结果——这时候，我大概只有偷偷地哭的份了。

自由永远是有约束的自由，无度的自由是不可取的，也是不可能的。这一点如何在大学制度上体现出来，大约始终是一道难题罢。难就难在：既要在制度上保证大学组织内部最大限度的自由，又要通过制度来约束这种自由，防止这种自由失于无度。

教育部仿佛也已经意识到了大学制度建设的重要性，眼下正在让一些大学（包括本人所在的同济大学）起草"大学章程"呢。这固然是一件好事，我是乐见其成的，而且也参与了本校章程的起草过程。我这里之所以把我主持起草的一些学院章程和条例公诸于世，并不一定是要张扬自己和自己的学院，而更多地倒是想让有心的局内、局外人来批评我们，特别是希望与学界同行一起来探讨大学和院组织的治理和管理办法。

六

　　历史上的同济大学人文学院创办于1946年，可惜命运不济，至1949年即遭停办，时隔60年后（2006年）才得以恢复学院建制，而我的前任居然是海德格尔的中国学生、哲学家熊伟先生！——熊先生是解放前夕的国立同济大学文学院院长兼哲学系主任。这自然也是历史性的命运之一种，个中关联和因缘令人唏嘘。本人不才，长院八年，未敢忘掉熊先生生前给予我的教导，努力以大无畏的自由境界为追求。而眼下这本小册子，也算是对已故熊伟先生的一次纪念罢。

　　收在本书中的文字多半是我在各种场合讲话的记录（第三编除外），有的文字或难免随意，我在统稿时尽量做了加工处理，但基本状况未变，而且似乎也没有大变的必要。有时候，演讲或讲话文字保留和保持一点现场的真实性倒是好事呢。需要特别申明的是，本书第三编"制度设计"里的章程条例，可以说是我院教授委员会的集体智慧的结晶，而非我个人的独立作品（虽然点子多半是我的）。在这方面，我的同事刘日明教授和徐卫翔教授贡献最多。刘、徐两位，加上老友陈家琪教授，是我在同济恢复哲学系、进而建设人文学院的整个过程中最得力的合作者，多年共事让我们结下了深厚的友谊。对于他们的协助和贡献，在此谨表谢意。

我的同济大学人文学院同事，特别是其中的哲学学科的同事们，大部分是这些年新进的。他们的来历、专业、兴趣、性格都不一样，甚至不乏怪异之人，但多年以来，在创造（恢复）一个新学院的艰难过程中，大家同舟共济，形成了良好的氛围和风气。对于我的同事们的合作和支持，我要说一声谢谢！

值此机会，我还要感谢我的老领导周家伦教授（前任同济大学党委书记），也要感谢我的老同学周祖翼教授，若没有他们两位对我的宽容、支持和帮助，我这些年在同济大学的事业的开展是完全无法想象的。

研究生戴思羽同学帮助我做了一点文件整理工作，在此我也感谢她的辛苦。

2013年2月22日记于沪上新凤城

2013年12月10日补记

自由理念

大学精神与教育哲学的反思

人文科学的时代到了

人文学科的意义在于让人学会自由

关于大学外语教学改革的建议

大学是为你们办的，大学是为未来办的

大学学习的理想境界

研究生要如何做研究？

何谓人文，如何教育？

大学精神与教育哲学的反思*

——从洪堡的大学理念
到中国现代大学

威廉姆·封·洪堡（Wilhelm von Humboldt，1767－1835年），柏林大学的创始人，可以说是德国大学理念的主要倡导者和践行者，在中国学界也一直被当作世界级的伟大教育家而得到相当广泛的讨论。留德学者蔡元培先生，作为中国大学之典范北京大学的真正奠基人，接受了德国大学理念，以之为北京大学的精神基石和办学方针。所以洪堡与中国现代大学是有着密不可分的关联的。

洪堡被称为"德国最伟大的人物之一"，主要是因为他1809年之后成就的教育家和语言学家的历史地位。1808年12月15日，洪堡被普鲁士国王弗里德里希·威廉三世任命为枢密院成员和内政部文化与公共教育司司长，次年2月20日赴任。因当时普鲁士未设教育部，故洪堡以"司长"一职实际上掌管了普鲁士德国的教育事业。1810年6

---

* 系作者 2004 年 10 月 26 日下午在同济大学四平路校区教学南楼 129 教室与同济文法学院章仁彪教授联合做的演讲，题为《大学精神与教育哲学的反思——从洪堡的大学理念到中国现代大学》。本人的演讲稿全文以《威廉姆·洪堡的大学理念》为题载《同济大学学报》2007年第 2 期，又收入孙周兴：《边界上的行者》，上海人民出版社 2011 年，第 164 页以下。此处为演讲提纲。

月，洪堡辞去该职务，而被委任为驻维也纳公使。洪堡任文教司司长
不过十六个月，实际在职仅十四个月而已，但因为他推行国家教育改
革，特别是创建柏林大学（今柏林洪堡大学），对普鲁士以及德国文
化教育事业的发展产生了决定性的影响。

对洪堡来说，教育的问题实际上表现为三大问题：人是什么？什
么是人的教育？这种教育应该如何付诸实施？这显然是一种哲学性质
的思考，首要的课题是对人性的理解。

什么是完美的人性呢？洪堡提出了六条评判标准，分别是：一、
充分的自由性；二、适度的规律性；三、生动的想象力；四、高超的
思辨能力；五、独特的个性；六、完整的民族性。这六条评判标准实
际上构成了三对"矛盾"，即：自由与规律（自由与必然）、想象
力与思辨力（具象与抽象）、个人与民族（个体与群体）。洪堡认
为，这三个对立面（矛盾）必须统一起来，人性才可能趋于均衡、和
谐、完美。因此，完美人性的标准归根到底只有一条，就是"和谐"
（Harmonie）。洪堡酷爱古典，而"和谐"是一个十分古典的人性
理想。

洪堡认为，纵览历史上的民族，达到这种和谐的完美人性的"完
人"只有一个民族，就是古希腊人。以古希腊人为典范的古典主义人
文理想，构成洪堡教育思想的一块基石。在洪堡看来，通过扩大希腊
语教育并且以之为教育的基础，就可以培养出温和的、"类似希腊人
的"德国人，培养出一种"完人"类型。洪堡为此创设了"人文中
学"（Gymnasium），后者重个性培养和发展而轻实务实利，成了19
世纪以后德国人的具有某种优先权的教育机构，对于德国现代人文教
育具有决定性的作用。

柏林大学的建立被称为"决定德国命运的成就"。柏林大学在组

织上无异于传统的大学制度，由神学、法学、医学和哲学院组成，教师仍分为正教授、编外教授和私人讲师，学院和学校事务由教授讨论决定。柏林大学之"新"主要还在理念上，根本说来就在我们上面讲的古典主义－理想主义的人文观念，以及以此为基础的教育理想。

在《论柏林高等学术机构的内外组织》一文的开篇，洪堡表达了他关于大学（所谓"高等学术机构"）的基本概念："高等学术机构的本质在于：在内部，把客观科学与主观教养（Bildung，或译'教化'）联系起来，在外部，把已完成的学校教学与刚开始的受自己引导的大学学习联系起来，或者毋宁说，导致从客观科学向主观教养的过渡，从已完成的学校教学向自我引导的大学学习的过渡。不过，总的观点依然是科学。因为正如科学是纯粹地存在的，它在整体上也得正确地抓住自身，尽管难免会出现个别的偏离"。概而言之，是科学与教养的统一，以及基础教学与大学学习（研究）的统一。

洪堡说，在大学里，教师和学生都是"研究者"。教师的创造性研究成果才能用于教学，才能用来指导学生的研究。研究与教学的统一，亦即研究者与教师的统一，被视为德国大学的支柱。我们现在所提倡的研究性大学，大抵也与这个原则相合。

洪堡提出了大学的支配性原则或者说大学的基本组织原则："而只有当尽可能所有的高等学术机构都面对着学术的纯粹理念，它们才可能达到自己的目标。正因为这样，寂寞与自由便成为高等学术机构范围内起支配作用的原则"。可以说，"寂寞"是学者研究和沉思生活的必需品质。就大学来说，"寂寞"是一种纯一内涵的状态，体现着大学的独立自主、自成一体的品质。德国许多名牌大学设在冷僻城市，而不是在喧闹的大都市，至今依然如此，德国现在最好的大学都不在政治中心（如弗莱堡大学、海德堡大学等）。反观我们国内，大学（尤其是好大学）都集中在地域政治中心或者经济中心，也在某种意义上反映了我们的大学缺乏独立性。

洪堡的逻辑是：政府只管给钱，而不能干预大学的运作。这听起来有点"强盗逻辑"，但确实是大学维持独立自主性的必然要求。

洪堡大学教育理想的终极目标是"完人"之教化和培养。"完人"就是"自由人"，因此，"自由"应该是大学的题中之义。从大学的纯粹学术和自主独立品质来说，自由也是必需的，对于大学来说就是"天条"。就大学内部组织和运作来说，"自由"原则具体表现为两个基本方面：一为"教"的自由；二为"学"的自由。这是大学自由的根本内涵。大学首先是学者（教师和学生）在其中从事学术研究的所在，而学术研究就是追求真理、创造知识，它的必要前提是自由。学者们（教师和学生们）必须有自由地选择研究课题、自由地从事研究、自由地发表研究结果的基本权利。

遵循大学的自由原则，大学才能成其为大学。国内大学现在问题多多，困难不少，而在我看来，关键还在于没有遵循自由原则。拿我们哲学系来说，目前我国的哲学系本科招生都有困难（第一志愿生源少），但硕士研究生和博士研究生的招生却是十分火爆的。我以为，要解决哲学本科招生困难问题，根本上还得靠"学的自由"。只要取消了统一高考制度，实施公民终身教育，一个公民无论在什么年纪都可以凭着中学毕业证书注册入校，则哲学本科的招生困难就会自动消失。要求现在十七八岁的小孩们对哲学有兴趣，自然是困难的；但成年公民对于哲学的兴趣却是十分强烈的。哲学是需要比较成熟、丰富的阅历和经验的，而且是特别需要兴趣和热爱的。而我们现在的制度设计却把真正的哲学爱好者们拦在了校门外——这对头吗？

大学的本质是什么？大学的使命是什么？大学的基本精神是什

么？大学应该有什么样的运作机制和状态？这些都是未尽的课题。大学中人被大学规定着，我们有必要认识大学，因为在很大程度上，认识大学就是认识我们自己。

伟大的哲学家和教育家威廉姆•洪堡为我们提供了三个基本的大学理念，即：一、完人教养；二、纯粹学术；三、自由大学 。"完人教养"是一个古典理想，是大学的终极目的和使命；"纯粹学术"是独立大学的立身之本。"自由"则是大学的基本原则。如此理解的大学是哲学的大学。

人文科学的时代到了 *

同学们，老师们，家长们，大家下午好！刚才在路上，我拼命想回忆去年毕业典礼上我讲了些什么，结果啥也没想起来，只好重新开始。今天我想讲三点。

首先，我想说，人文科学的时代到了。这一点还少有人认识，连在座的人文科学学者们也未必有清醒的认识。1949年以来，中国社会经历了军人领导时期、工程师（技术专家）领导时期，现在刚刚开始文人上台执政了。据报道，2012年新版中共十八大中央委员会委员，九成有文科背景。这是偶然的吗？当然不是。是时候到了，是社会需要所致。无论如何，我认为这是我们社会的一个重大进步，这将是一个新时代。

一般而言，文科学子脑子清楚，表达优美。你会说理工科学子也脑子清楚呀，是的，我承认理工科学生在工具理性、实用理性方面比我们文科学生强，而且要强得多，但他们多半视野比较狭隘，只守住

---

* 系作者2013年6月18日下午在人文学院本科毕业典礼上的讲话，事后记录。

自己的专业领域，缺乏宏观的思路，没有伟大的想象力——这是一般而言，不含对理工科专业和理工科学生的歧视，实际上我自己大学本科时就是学理学（地质学）的。脑子清楚而又有伟大的想象力，多半是我们文科生。还有表达，包括书面和口头两个方面——我自己普通话不好并不表明我表达不好，人文学者在这方面也有强大的优势，这大概不用我证明了。同志们，你们想想，脑子清楚而表达优美，对一个人来说，对今天这个普遍交往的世界时代里的人来说，还有比这两点更重要的素质吗？我们还能说人文学科没有用场吗？

去年以来我在祖国各地做了五六场演讲，讲的是同一个题目，叫"哲学到底有什么用"？我把哲学的用处概括为三条：一是哲学让人不自杀，二是哲学让人脑子清楚，三是哲学让人好好说话。演讲效果还算不错。哲学家善于安排自己的精神生活，再加上脑子清楚，精于表达，多好呀，还有比这更好的事么？各位知道我是提倡自由学习的，但当我得知我院三个专业每年都是选择哲学专业的人数最少时，我是比较伤心的，我伤心，不为别的，是因为我觉得同学们错失了一门多好的学问。

也是在去年底，为了表明哲学的用场，我就拿钓鱼岛事件做了个试验，花了三个月时间研究东亚政治和世界政治，设计了解决钓鱼岛争端的三个方案，一个是政治的方案，一个是革命的方案，再一个是艺术的方案。自从这三个方案形成、并且在有限范围内公布以后，好像很少有人来问我"哲学到底有什么用"了。前几天我跟一帮搞国际政治的学者们聊天，问他们关于钓鱼岛争端有什么高招没有，他们都说没有。我说那要你们干吗？不能解决问题嘛！各位，我并不是想表明自己有多高明，而是想做个试验，检验一下哲学的用场——哲学是不是最高的、最有用的学问？

其次，我想说的是，人文学者要比别人承担更多的社会责任。我刚刚收到一个短信，带一点戏谑性质，说一个小小的泰国，国土和人口都不及咱们东北呢，他们的男人当中，四分之一去当了兵，四分之一去当了和尚，四分之一去当了人妖，还有四分之一属于老弱贫残，从里面挑了若干人出来，组成了一支足球队，结果前几天把中国国家队给踢翻了，而且来了个五比一。惨啊！

中国足球为何踢不好？我认为主要有两个原因。首先我们国家的政治改革尚未完成，还没有形成良好的公共自由讨论的制度，于是我们男人们没法关心公共政治。不让男人关心政治是很要命的，男人们难免郁闷而至萎靡不振，怎么可能踢球呀？另外就是我们的教育制度，在座各位都是受害者，我家女儿今年14岁，也正在受到伤害。不夸张地说，这个教育制度正在身心两个方面摧残着中国青少年。在这种制度下，一点游戏的空间都没有，一点自由度都没有，怎么可能踢球？

所以各位今天毕业，即将走向社会，走向这样一个问题多多的社会，各位又是脑子清楚、富于想象力、表达优美的人物，你们难道不要承担更多的责任，去改造我们的社会、我们的政治、我们的生活么？

最后跟大家说几句送别的话，我特别希望两点，一是希望各位保持身心健康，二是希望各位常回来看看。这个时代乱象丛生，生态恶化，精神动荡，活下来不容易。各位就要走向一个竞争激烈的社会，甚至可能是一个恶性竞争的社会，一定要有良好的体魄，也要有健康的心理。人文学者管好自己的心灵，那是必须的。就心理修养和心理治疗而言，我们学院刚成立了"哲学心理学研究所"，有名师赵旭东教授在此给人看病。各位若有需要，可以回来看看。当然没有这个需要，也欢迎各位经常回家看看。本人大学毕业快30年了，我的交往圈中最稳定的还是大学同学，可见本科学习对于人生的重要性了。同济大学人文学院将成为你们永远的青春之家。

三年以后的2016年，我院将庆祝建院70周年，复院10周年，让我们先做个约定：2016年见！

好，祝大家一路平安！祝福大家！谢谢大家！

人文学科的意义在于让人学会自由 *

　　各位新同学，很遗憾，因为我现在还在德国访学，不能参加今天的迎新大会，只好匆匆写上几句，让学院其他老师代为致辞，表达我个人以及人文学院对各位的欢迎之情。从今天开始，你们已经成为同济人文学院的一员，欢迎大家！

　　同济大学虽然有上海最早、也是最好的人文学科，但它在1949年建国之初就被中断了，中断了半个世纪之久。等到我们重建人文学院的时候，已经是21世纪了。五年前的夏天，我校恢复了人文学院建制，当时只有哲学和中文两个系，次年我们新建了文化产业系。不无遗憾的是，虽然我们做了种种努力，但我们学院至今依然没有历史学系。希望在本世纪之内，我们能完成这项任务——前提是要有一个伟大的校长，或者有一个伟大的院长。

　　我院虽然是同济大学最新的学院，但毫无疑问是目前同济文科学院中学术力量最强的。目前我院有三个本科专业，两个一级学科硕士

---

* 2011 年同济大学人文学院本科新生迎新大会院长致辞（请人代表）。2011 年 8 月 27 日晚记于德国柏林。

点（哲学和中国语言文学），一个一级学科博士点（哲学），其中已经开始招生的二级学科硕士点有10个，二级学科博士点有4个（外国哲学、中国哲学、宗教学和美学），下半年或者明年，我们还将扩大若干个博士点。在招生方面，本院设定的目标是：研究生招生规模与本科招生规模之比至少要达到1：1水平，甚至要超出这个比例。

短短五年时间里，我们在学科规模上的发展速度是相当惊人的，但这算不了什么，毕竟同济人文学科还在建设的初级阶段。各位在校四年，将见证我们学院的进一步发展，但也将亲历我们在发展中的艰难困苦。

记得在去年的本科毕业典礼上，我向毕业生们宣布我院已经成为"世界一流学院"，当时引来大家一片哄笑声，大家都很开心。当时的语境是：我刚刚在北京听说某著名高校将在校庆庆典上宣布自己已经成为"世界一流大学"了。我一听就很愤怒：哪有这样的事情的？自己就宣布了？"世界一流"是自己宣布出来的么？这真是中国特色啊！当时我错误地估计了形势，以为只要该校宣布为"世界一流大学"，则国内其他大学都将竞相模仿，掀起一个宣布世界一流大学和学院的热潮。于是我心想：何不干脆我院先宣布算了？免得以后被动嘛——于是我就宣布了，成为国内第一个宣布的。但遗憾的是，北京这所大学的校长最后好像有点不好意思了，在今年校庆时未宣布自己已经成为"世界一流大学"。这是我对形势的误判，现在只好收回我去年的宣布。

各位能听出来，这差不多是一个笑话。但我今天要说的一点是：我院在教育理念和制度设计上是先进的，是跟世界一流大学靠得最近的。所以在这里得跟各位说一说，以便让大家知道自己到了什么地方。

我们的教育理念是什么？或者说，现代大学应该有的教育理念是什么？在我看来核心的元素就是一个词：自由。大学（理想的大学）是自由研究和自由教学的场所，"教的自由"和"学的自由"是大学的基本规定性。但国内大学在这方面是完全没有达到的，所以国内没有好的大学，甚至可以说没有真正意义上的大学。我们学院呢？我们在努力接近这个理想。到目前为止，我认为我院是国内最接近于这个理想的。我院目前三个专业的本科生，在两年内可以自由地选择自己喜欢的专业，没有任何限制。这是在座各位的权利，是你们的自由。本来我院还想改革得更彻底些，不但学生可以自由选择专业，而且还能自由地组织课程。我们的设想是把本科生的课程量（专业课）放大一倍左右（50－60门左右），让学生在这个放大的菜单上自由地选择约一半课程，这样，你们就可以自由地自己组织课程了。我们把方案都做好了，但学校不同意。所以目前，你们还只好吃菜单上的全部菜肴，无论你喜欢的还是不喜欢的，都得吃，而且都得吃完才能离开。

我刚刚说大学的基本理念是自由，各位听下来是不是会觉得自己特自由、轻松了？我的想法却不然。我认为对个人来说最不轻松的事就是自由选择。你只有一个对象，很轻松，认命呗；但如果你有三个五个对象，不纠结吗？自由永远意味着个人的承担。充分的自由意味着最大的责任。我们国内的基础教育没有给学生这方面的训练，而只是制造考试机器，这方面大家都应该深有体会；但现在，你们来到了同济大学人文学院，你们将面临一项前所未有的艰难任务：如何对自己的自由负责，承担对于自己的责任？学会自由，承担自由——你们做好这个准备了吗？

我说的是"学会自由"，因为自由是需要学习的。不光是你们，我们也一样，我们的教授们也需要这方面的学习。我院建院以后推行"教授委员会"制度，就是为了在最大程度上保证这种自由——"教的自由"和"学的自由"；而教授委员会的教授们实际上也面临着如何使用自己权力的问题，这同时也是如何承担自由和责任的问题。对于人文学者来说，我想，这不但是一个个体性的问题，同时也是体现人文学科的意义的问题。

人文学科的意义是什么？这个问题难度极大，可以从不同角度给出答案。尤其在我们今天这个技术化、实利化的时代里，人文学科的价值和意义越来越受到轻视和怀疑。各位在学四年，也必将不断地受到这方面的拷问。今天我们不能在此深入讨论这个问题。但我想说的是，无论如何，在我们这个时代，如果说人文科学对于我们个体的生活、对于人类的共同生活还有促进作用的话，那么其中必有一条，就是：在对于个体自由精神和责任意识的培养方面，人文学科将给出最大的帮助。

最后我想引用最近网上流传的美国兰德公司关于中国的一份报告，这报告很反动，对中国和中国人有许多负面的设想和批评，不少是带有种族偏见和文化偏见的，这个且不去说它。我注意到其中有一段话是关于中国教育的，大体意思是：中国的教育体系已经成为一种失败，它不能服务于社会，不能为社会提供有用的个体，而只是制造出一群投机分子，他们渴望从社会获得好处而毫不关心回报。

这话当然是偏激之言了。如果这话还有几份道理的话，那么，我想说：其中的原因之一，就是我们的人文科学萎靡了、衰落了、颓败了。

对兰德公司的这个说法，我们当然可以不同意，可以反对和反驳，但面对我们今天不尽人意的教育体制，这话完全应该成为一个警示——无论是在座的同学们，还是我们教师们，我们每个人都要问问自己：是不是这样啊？我们是（或者将是）一个对社会有用的个体吗？我们在为自己投机谋利的同时，想到过回报他人和社会吗？回到我们前面的话来说：我们学会了自由吗？有勇气承担自己的责任吗？

我把这个问题留给大家。最后，我想在这里，在一万公里之外的遥远的柏林，表达对各位的美好祝愿：祝大家身体健康，学业顺利，天天开心！——毕竟，自由首先意味着快乐地生活！

关于大学外语教学改革的建议 *

政协委员张树华先生在一次会上批评我国现行的英语教学，称我们现在"过度重视"英语，"英语热"已经陷入"自我折磨、自娱自乐"的怪圈。张先生说得很好听。社会上也有许多批评和牢骚，有的说，搞艺术创作的也要学英语（或其他外语），不过分吗？有的说，做中国古代文学和古文字研究的也要考英语（或其他外语），不是发神经么？有的说，这跟应试教育体制相关，没办法。总归是议论纷纷了。

大家的批评是对的，我完全赞同。我们的外语教学实在是一塌糊涂，浪费学生们的美好青春年华。在一些核心城市里，从幼儿班就开始学外语（我女儿就是这样），你若读到博士，差不多要读20年左右的外语。读得怎么样呢？张树华先生也说了："虽然我们花了这么大力气学英语，但还是学得不好，真正把英语学得好的顶端人才，尤其是还能熟知两国文化的外语人才仍然稀缺。"——这是事实，一个荒唐到了极点的事实！

* 2013 年 10 月 5 日上午记于德累斯顿火车站。

我们真的需要学20年光景的外语（英语）吗？我以为根本用不着。我举个例子。我在大学里招收"德国哲学"方向的博士研究生，绝大部分考生学的是英语，但因为专业方向的要求，进校以后却必须学德语，这是没办法的事。我的学生只需要跟班选修一年德语，然后进入我的"哲学德语课"读原著，然后就可以赴德国进修或联合培养了，几年后回国，德语就很好了。如此看来，一个人智商正常的话，学习一门外语的时间应该在一年半至两年时间，而不是我们今天学生们的样子：花15至20年时间来学英语，竟然还没学好！

至于那些智商特高的人物，比如19世纪德国教育家、语言学家威廉姆·冯·洪堡，属于语言天才一族，那就不是一、二年学一门外语，而是几个月学一门。要不然，洪堡怎么可能学几十门外语？要是像现在中国人这样学外语，洪堡岂不是要学一千年？当然这是特例，不是我们这里要考虑的。

我们要追问的是：为什么我们的学生花了这么长时间学外语居然还学不好呢？我认为主要是因为学生们不知道——或者不是太知道——为何要学，学着有什么用（光知道学外语很重要是不够的）。如果不是从实际需要出发学外语，怎么可能把它学好呢？

推广开来说，我们的公民教育，特别是大学教育，必须着眼于公民的实际需要来组织和开展，而要做到这一点，前提就是要让公民有自己选择专业、甚至自主组织课程的自由。而且，公民的这种自由原则上应该是终身的，好比说，我现在高中毕业了，还不想上大学，但到35岁或者45岁时，或出于职业的需要、或出于爱好、或出于其他什么原因，我想上大学了，这时候，我就应该有权向一所或者多所大学提出学习的申请。但我们现在的高难度的高考制度却未能为我们公民们提供这个可能性前提，因为你让我35岁或者45岁的成年人去跟应届的高中毕业生去竞争，胜算差不多为零。这意思也就是我曾经说过的：我们的教育制度的滑稽之处在于，所有大学教授都考不上现在的大学！

就目前状况来看，高考制度好像一时还取消不了，暂时也还不能有根本性的改变，那我们就只好做些修修补补的改革了。于是进一步的问题是：我们怎么改法？这里只说大学外语教学，我们具体怎么改法？上引张树华先生已经提出了问题，本人在此不揣冒昧，提出以下几点具体的建议：

第一、建议取消大学各个层级的公共外语课（现在主要为英语课），只保留少量基础外语课程，供第二外语选修者选课（比如以德、法、日语等为第一外语者可以英语为第二外语）。

第二、建议在本科阶段，只开设《英语写作》、《英语听力》、《专业英语》三门课程，供学生们任选其中二门；此外开设第二外语选修课，供学生自由选择。

第三、建议在硕士研究生阶段，只开设《英语写作》和《专业英语》两门，供学生们任选一门；此外开设第二外语选修课，供学生自由选择。

第四、建议在博士研究生阶段，不再开设任何第一外语课程，只开设第二或第三外语选修课，供学生自由选择。

有人马上会提问：由此缩减下来的原公共外语的教师怎么办呢？——那可是关系到成千上万公外教师的生计的呀！我当然知道这是一个问题，但我以为不难解决。一部分公外教师可转入相关语言和文学专业从事学术研究和教学（本来就有一部分公外教师同时也是做专业研究的）；另外可根据教师本人的兴趣，分流到各个院系和专业从事专业外语教学；若还有多下来的，则由大学另行安排。

以上建议供有关方面参考，也希望有兴趣的公民参与讨论，以便形成一个真正切实可行的操作方案——别空谈，空谈误国。

大学是为你们办的，大学是为未来办的 *

　　各位同学，大家好！今天对各位来说是一个重要的日子，从今天起，各位成了同济大学人文学院的一分子，这将是一辈子不变的记号；还有，从今天起，各位站到一个独立公民的平台上了，是人生新起点、新境界。我兼任人文学院院长，照例要在每年的迎新会上讲几句话。但我眼下正在德国柏林访学，与各位相距上万公里，只好写上几句，特请刘日明教授代为转达。

　　据我所知，我院今年共招生156人，其中本科生84人，研究生72人（54名硕士研究生，18名博士研究生）。这与我们规划的100本科生＋100研究生的招生规模还有一点距离。我想只好慢慢来，毕竟我院是同济大学建院时间最短的学院（2006年），至今只有7年历史。但我这样说并不准确，因为1949年前的同济大学就设有文学院（创建于1946年），同济哲学系还是沪上最早的哲学系呢，可惜到1949年就被归并到其他学校去了。中国现代大学的历史短，百年大学就算"历史

＊ 2013年同济大学人文学院迎新致辞。2013年9月1日于柏林Buchholzer街。

悠久"了，而且差不多是被"并来并去"的历史。我最近去了一趟青岛，才知道德国人在青岛也办过一所大学，叫德华大学，又称"黑澜大学"（不好听！），是青岛最早的大学，创办于1909年，1914年合并入同济大学（当时叫同济医学专科学校），我们的土木学科发源于这所德华大学/黑澜大学。青岛德华大学的旧址还保存着，现为青岛铁路分局大楼，各位有机会和兴趣可以去参观。

各位进了同济大学，就得了解这所大学的历史。这所大学的历史将成为你今后的人生故事背景，这所大学的好坏将成为你今后事业成功与否的决定性因素之一。各位进校，就是这所大学的主人，就得有主人翁的意识，你甚至就得想想，这所大学应该怎么办才好，办学的理念是否高贵典雅，系科的布局和设置是否合理，各专业的课程体系是否完备，现行教学方式是否先进妥当，凡此种种，不但学校当局要考虑，学校的教授们要参与，同学们也同样要当作"自己的事"来想。毕竟，大学是为你们办的，大学是为未来办的。

我这次在德国柏林自由大学（FU）访学，但住在距离德国柏林洪堡大学（HU）不远的东柏林。我想到这两所大学的历史，也是不免唏嘘的。原先的柏林大学是伟大的德国语言学家和教育家威廉姆•洪堡创办的，建于1810年，是欧洲现代大学的典范。我们中国的北京大学，也是蔡元培先生借鉴洪堡的大学理念加以改造后才成就名校的。现在的柏林自由大学和柏林洪堡大学是第二次世界大战留下的后果。大家知道德国是战败国。1948年苏联占领东柏林后，原先柏林大学的部分师生为追求学术自由而逃离东柏林，受西方阵营的支持，在西柏林成立了"柏林自由大学"，而原先的柏林大学则于1949年被改名为"柏林洪堡大学"。于是呢，就有了两个柏林大学。德国统一以后，这两个大学就相互争执，争谁是正宗的柏林大学，实际上就是争身份，争谁是老大。

我曾经跟德国同事开玩笑说：你们好无聊啊，要放在咱们中国，好办得很，政府一声令下，把两校合并起来就算了，就成了德国大学的老大嘛。我这是说笑。现在如果要我在两所大学之间选择，我大概会选柏林自由大学，因为这个校名更能显示创办人洪堡的大学自由理想。

同济大学是德国人创办的，从青岛合并过来的德华大学也是德国人办的。11年前我想调离浙江大学，最后考虑来同济大学，原因之一也是这个学校的德国和德语背景，因为我是从事德国哲学研究的。但当时同济还没有哲学系，更没有人文学院。我们可以说是白手起家，做成了现在这个样子：三系一所一院（哲学系、中文系、文化产业系、历史学所、欧洲思想文化研究院）；三个本科专业，二个一级学科硕士点，一个一级学科博士点（共招九个博士点研究方向）；还有，我们的哲学学科已被列入"上海市一流学科建设计划"。所有这些固然没什么好吹的，但毕竟，同济人文学科在短短几年里从无到有，已经有了基本的格局。各位现在进校，几年后毕业离校，我只希望各位不会有入错了门的感觉。我一直以为，就办学者/教育者来说，误人子弟是最大的罪过。

现在我们要问：一所有德国背景的大学应该有啥精神？我以为，每一种教育制度背后都是一种哲学理念的设计。德国的大学精神是由上面讲的洪堡奠定的。它的基本点有两个：其一是"统一"，其二是"自由"。所谓"统一"或者说"整体"，主要是研究与教学的统一，当然也包括学科和培养体系方面的整体性。研究与教学的统一被认为是现代大学的基本准则，而且这种统一是要统一到"研究"上，以"研究"为根本，因为大学是做研究的场所，如果没有好的"研究"就不会有好的"教学"。德语的"研究"（Studieren）同时就是"学习"。各位进校，首先要确立一个信念：我是来做研究的。我们的基础教育已经让各位"过度学习",从现在开始,各位的任务是"研究"。

第二个基本精神是"自由"。这对"研究者"(教师和学生都是研究者)来说是必然的要求,本来不用多讲。做研究是要自由的,当然也是要有规范的;大学阶段应该就是习得自由研究的基本方法和基本规范的阶段。而这只是一个方面,是指大学制度需要保证师生(研究者)的研究自由。但大学的自由理念还联系着"完人"理想,就是说,大学要培养具有自由人性的"完人",自由的人或者人的自由,正是大学教育的终级目标所在——我们这里可以补上一句,"人的解放"不也是马克思的共产主义理想的目标么?大学的本质是自由,无论目标设定、制度构造、管理运作等等,都必须有利于促进和保证大学的自由本质。

若以上列两个基本精神来要求今天的中国大学,我们不得不承认,我们还差得远呐。去年11月召开的中共十八大强调"全面建成小康社会,必须以更大的政治勇气和智慧,不失时机深化重要领域改革"。至岁末,新任中共总书记习近平先生再次指出,要"深化重要领域改革"。所谓的"重要领域"一定包括教育,因为中国的教育体制是欠改革的,属于在改革开放三十多年来没有真正推进改革的少数几个重要部门之一。

目前中国的大学可能正处于变革的关键时刻。而在此时,各位加入进来,成为大学的一分子,我希望各位同学不仅要关注自己的研究,而且也要思考大学的本质和我们的大学。因为我们前面讲了,大学是为你们办的,大学是为未来办的。

我想以此来欢迎各位的到来!

大学学习的理想境界 *

    各位新同学，大家好！很抱歉，因为我在香港访问，未能参加今天的迎新大会。我深知今天这个会对于各位的重要意义，所以只好写上几句话，请我的同事代念。

    首先我代表人文学院向各位的到来表示欢迎。今天，各位成为同济大学人文学院的一员。从今天起，各位的一生将被烙上"同济"和"同济人文"的印记。这也意味着，维护和发扬"同济人文"也将是各位的一个责任。

    同济人文有着悠久的历史，曾经是上海最好的文科。可惜命运不济，中断了差不多半个多世纪。今天的人文学院恢复才两年多，可想而知我们办学的条件以及我们办学的艰难，这是要请各位理解和同情的。但从学院成立以来，我们一直以高要求开展学科建设，现在已经有市级重点学科、博士点、硕士点、本科点，已经初步形成了具有同济特色的人文学科格局。最重要的是，在我们学院已经聚集了一批著

* 2008 年同济大学人文学院新生迎新大会院长致辞（请人代表）。2008 年 9 月 4 日记于香港道风山。

名学者和知名教授，如哲学系的高宣扬教授、陈家琪教授、特拉夫尼（Peter Trawny）教授等，中文系的马原教授、王鸿生教授等，文化产业系的朱大可教授、张闳教授等，还有一批学术功底扎实、正在崭露头角的青年教授和青年博士。我目前暂时担任院长之职，为本院有这些名教授而深感荣幸，为本院有一批青年才俊而深感高兴。各位应该清楚，这些名教授和青年才俊是我院立院之本，他们的存在是我院发展的基础，也是各位成才的基本保证。

大家知道，我们这个时代是一个实利至上的时代。人类历史上从来没有一个时代像今天这样"唯利是图"。因此在这个时代里从事人文科学的研究和学习是一件可以令人奇怪的事。尽管如此，我们仍旧要有信心，这种信心来自两个基本点：

首先，社会和时代依然不能放弃"批判"的责任，甚至在今天更需要这种"批判"的责任。这种"批判"的力量就是人文科学的力量。在汉语语境中，因为文革大批判的历史影响，人们一听到"批判"就发怵，以为要闹运动、要造反了；其实呢，"批判"是理性的分析，是审慎的辨析。想当年，康德以《纯粹理性批判》一书开启了德意志近代哲学文化，其基本的标识就是"批判"。今日时代的文化状况和生活处境已经截然不同于康德时代了，但"批判"的必要性有增无减，甚至愈发加强了。现如今，基于技术－物质条件的民主论辩之风日盛，即便在政治改革尚未完成的中国，个人自由度也大幅增加了，这时候，我们需要判断，需要主张，需要表态，而所有这一切的前提是，我们要有"批判"的能力。

其次，大学学习的目的是什么？有各种解释，掌握技能啊，生财之道啊，我以为都不是很好的解释。我在这里愿意向各位提供德国伟大的教育哲学家和语言学家威廉姆•洪堡的解释，他说：大学之所以为大学，是要造就"完人"的——这当然是特别高的理想要求，这世上哪来的"完人"啊？谁也达不到"完人"境界。但，洪堡进一步的说法却是我特别欣赏的，他说：大学要培养学生这样一种能力，即要让学生能够在未来的生活中自由地改变自己的职业。现象上的证据之一是：高水平大学的学生毕业后改变专业的比例大大高于低水平大学的毕业生。我相信，这在一定程度上印证了洪堡的观点。

我想请各位记住洪堡这个话。显然洪堡的要求仍然很高，但难道各位不应该对自己高要求吗？本院一贯重视吸收洪堡的大学理念，也是因为在我们看来，人文科学的学习是达到洪堡上述要求的最佳途径。

眼下我就说这些。希望很快有机会跟大家见面，也祝愿大家能尽快适应大学学习和大学生活。

研究生要如何做研究？ *

　　各位同学，下午好！本院建院六年以来，第一次开全院研究生大会。大家不要生气，因为在我们学院，不但研究生不开会，本科生也不开会，老师们也少开会——老师们大概是每学期有两次大会，开学一次，学期结束一次。少开会是我的主张，基本想法是，少见面，见面时就比较亲热；大家经常见面，难免不待见，生出种种是非来。但现在想，不开会不见面也有点问题，比如我跟在座许多同学，甚至就不认识。有时候，有的同学在电梯里问我好，我假装也认识他/她，说好好，但其实并不认识他/她——这种情况显然是不好的。

　　于是我对自己说，今天这个机会一定不能浪费掉，一定要跟大家讲点什么。讲点什么呢？我想就来讲讲研究生如何做研究。

　　研究生是做研究的，这一点不容讨论。其实按照德国教育家洪堡的说法，连本科大学生也是研究者。大学里都是研究者，更何妨"研究生"了。在座有硕士研究生，有博士研究生，要求方面有差别。按

---

* 2012 年 12 月 4 日下午在同济大学人文学院全体研究生大会上的讲话。2012 年 12 月 6 日记于井冈山大学学术交流中心。

现在的一般做法，人文学科的硕士研究生要完成一个体量不大、甚至较小的课题，大概要写成3万字左右的学位论文；而对博士研究生的要求要高得多，要研究一个中等以上大小的课题，大概要完成一本10万字以上的学位论文。硕士论文通常不要求发表，现在学校硬性规定要每个硕士生发表一篇文章才能毕业，实在是一个不当的、无理的要求，弄得大家只好交钱在一些垃圾杂志上发表多半没有什么意义的垃圾文章，可以说是"谋财害命"之举，也是"浪费资源"（森林资源）。相反，博士论文通常要达到公开出版的水准，我校规定，博士生毕业前必须在A类杂志上发表一篇论文，我认为是比较恰当的规定。博士论文的要求表明，你要把课题做到这样一个份上，就是通过课题站到了研究前沿，以至于别人说到某个领域、某个题域，就会说：噢，谁谁的博士谁谁做过这个题目。到这一步，你就算成功了。

无论是硕士论文还是博士论文，都要求研究生在导师指导下确定一个课题，然后进行专题研究，最后独立地写成一篇规范的论文。这整个过程是研究生阶段最重要的训练，你课程成绩有多好多好都不顶用，关键是课题研究和写作方面的训练。有这个训练和没有这个训练是大不同的，有了这个训练，你就会有独立研究的能力了，毕业后即使不再做研究，也能独立地处理别的事务了。做事的道理是一样的。有的研究生把论文当儿戏，总想着蒙混过关，早早离校，有的还东拼西凑，甚至干脆抄袭人家的。这样做，实在是枉为"研究生"，也对不起这个人生很重要的阶段。

我在上面故意强调了"专题"、"独立"和"规范"，这三项其实已经说出了研究生做研究的基本要求。谁都能听懂的，我就不展开了，但这里要强调一下"规范"，特别是学术道德的"规范"。刚才刘日明教授已经讲了这一点，我还得说说。学术研究这个行业有特别苛严的规范要求，不抄袭只是最低的要求。文章千古事，白纸黑字是赖不掉的。这里我愿意跟大家讲一个故事：有一位女博士已经毕业十几年了，已经当上了某个大学的特聘教授和学科带头人，连她的导师也早已经退休了。她十几年前在一本杂志上发表了一篇文章，十几年后，有一个根本不相干的人（甚至不是这位女博士的专业同行）居然来举报，说这位女博士的这篇论文抄袭了国外某个杂志的某篇文章。这时候我是这家杂志的主编，我得处理这件跟我毫不相干的事呀。这位女博士也算可怜，我们的编辑打电话过去，她当下就哭开了。她怎么也没想到，事情已经过去了十几年，她自己都忘了自己干过的不良勾当，居然现在被揭发出来了。同学们，喏，这就是文字和文章！

我们做研究也是一个熟悉规范的过程。这事本来用不着专门教导，引文要怎么做，注释要怎么做，参考文献要怎么做，你自己看着读着自然就会了。但现在学风日衰，学术不端行为常有发生，我们不得不来强调一下，以便同学们加强这方面的自觉意识。

到此为止，我们实际上还没有真正说到今天的主题：研究生要如何做研究？不过这个主题也不好说，我这里只想提几点建议，仅供大家参考。

首先我想说的一点是，各位要理解人文学科的整体处境和使命。人文科学在德语中也叫"精神科学"，显然是指关照人类精神生活的学问。我们国人的理解通常就是文史哲，但在欧洲，一般是哲学、历史和神学放在一起，构成"精神科学学院"，也就是我们的人文学院。这个我们不去管它。大家知道现在人文科学的日子不过好，原因其实只有一个，是受到科技（以及工商业）的不断挤压。一是方法上的挤压，现代人文科学一直在寻找自己的独立的方法，若没有方法上的独立性，那么人文科学的存在就会出问题，恐怕连合法性也成了问题。二是利益上的挤压，人文科学因为离商业较远，或者说没有直接的商业和利益诉求，所以被认为是"冷门专业"。这一点以中国为最，长期以来都是理工专业的人士在管理这个国家和社会。不过，目前看起来也正在发生变化，最近的一个报道是：这次中共十八大新产生的中央委员会，九成中央委员是文科出身的。我认为这是社会进步的一个重要标志。为什么？偏重商业的社会风气导致对人文科学价值的低估，但实际上文科出身的人士有明显的优势，在眼界、格局、思路和方法等方面都要胜于技术类专业人士。我们待在同济这个以工科为重的学校里，最痛苦的一点就是管理层的大部分同志是强势工科专业出身的，这些同志未必不好，相反往往是好同志，但多数眼界和格局偏小，只知道实用和商业的逻辑而不知道人类知识和文化的大局。像哲学、文学这样的学科，经常在我们这儿被认为是无用之学；各位想想，说人文（精神）科学没用，意思不就无异于说：人类精神是没用的，我们人跟猪一样？所以我们可以看到，技术商业对于人文科学的挤压也是对人性的压迫；而人文科学的顽强存在本身也是一个象征，标志人类精神尚存，表明人类毕竟还有跟猪不一样的地方。就此而言，我们在，我们在这儿，就是一个伟大的事件。

其次，我想建议同学们，要了解本学科的总体形势，要有全局的学科意识；进而还要突破学科的边界，形成跨学科的意识。各位都在二级学科上读研究生，但是一定要有一级学科意识。比如现在做中国哲学的，如果不研究外国哲学，我认为就比较可怕了，因为现代汉语哲学本身是具有翻译性质的；反过来也一样，如果做外国哲学研究而不了解我们母语的思想文化传统，那是不可能做成功的，因为我们的经验和感受都是由母语和母语文化来烙印和支撑的。我甚至觉得要突破一级学科或门类的限制，比如现在做哲学，如果没有艺术、文学的背景，肯定是不成的；而现在做文学，如果没有理论，没有哲学，那肯定是瞎胡闹，顶多制造一些读后感、观后感之类的轻佻东西，而讲不出文学的真正道理。我特别愿意建议我们哲学专业的研究生多接触些艺术和文学，我们的感性是由文学艺术来塑造的，而没有感受力的人是不可能把哲学落到实处的。经常见到这样的同学，把康德、黑格尔搞得蛮熟，弄得比康德还康德，比黑格尔还黑格尔，你让他/她谈谈康德、黑格尔，他/她会搬出一套概念系统，把你搞得云里雾里，还是不知所云。为何如此？我认为主要是没有自身自主的感受力，不知道把抽象的说理化为生动的生命经验，更不知道理解某种哲学、某种学说的动因。

最后我想说的是人文学术研究的未来意识。人文科学本质上是指向未来的，是指向可能性的。可能性高于现实性，这不仅是一个古典诗学的命题，也是一个现代哲学的命题。原因是，人是一种向未来开放的动物，是一种以 Existenz（实存/出位）为重的存在，对未来的筹划在人的世界筹划和精神生活中占据着核心地位。因此，人文科学的研究要有未来意识，哪怕是思想史、文学史的研究，若不以未来关怀为指向和动力，就将失去研究的基本意义。各位知道同济校长裴钢教授现在力推"可持续发展大学"的理念，我在具体的做法上对此持一定的保留态度，比如学校非要我们搞一个"可持续发展人文社会科学研究院"之类的机构，我认为就有点夸张了。但在基本理念上，我是同意裴校长的想法的，就是大学要体现一种指向未来的思想使命，而不是把大学搞成一个商业机构。

据说再有十几天就是"世界末日"了，是真是假还不知道，反正有人已经在造"诺亚方舟"了。这个且不去管它。如果我们设想，所谓"世界末日"之后我们还在这个世界上，在座各位还在同济大学人文学院，那么，我们仍旧面临着"世界末日"般的问题，就是如何应对由技术工业带来的人类生存危机以及同样由技术文明造成的人类精神生活的重大变局，一是类的前途，二是个体的安身立命，这些都是我们人文科学研究者的关怀所在。

何谓人文？如何教育？*

很高兴有机会跟中学生朋友们交流。我是研究哲学的，主要研究德国哲学，也做点艺术哲学——我也是中国美术学院的兼职教授，每年都在那儿开一门《艺术哲学》课程。哲学与艺术，这听起来是对立的两块，但在我这里好像比较统一，我个人因为长相方面的原因而经常被看作艺术家。不过我的主业还是德国哲学。德国哲学有三位大家对我们近代以来的中国影响最大，按年纪排列，一是马克思，二是尼采，三是海德格尔，我主要研究后面两位，即尼采和海德格尔。我自己写了不少书，翻译了较多书，在座各位当中，估计以后会有同学读到其中一些的。

跟中学生朋友讲课，在我是第一次，以前有两次去中学做过报告，但不是给同学们做的，而是给中学老师们做的。现在跟中学老师谈教育问题可不容易，因为我跟他们之间分歧比较大，我做报告时他们表面上在点头，实际上心里可能在嘀咕：哼，什么东西嘛。

---

* 本文系作者于 2013 年 7 月 28 日上午在同济大学中法中心做的苗圃计划夏令营开营主题报告。2013 年 7 月 27 日记于沪上新凤城，2013 年 8 月 29 日改定于德国柏林。

所以，今天跟中学生朋友们讨论，我也有一种担心，既担心我们之间关心的东西不一样，又担心我讲的东西无助于你们，反而可能给你们帮了倒忙。

我认为这也是中国教育的一大问题，基础教育与高等教育没有良好的接轨，两边脱节，一方面是教育内容，中学与大学脱节，中学只关心升学，教育内容上不断加码，而大学并不关心中学里教了什么，闷着头自己玩；另一方面是教育方式，两边也是脱节的，中学里是为应试设计的，知识的灌输和记忆成为头等大事，而大学教育——在理想状况下——重在理解、讨论、批判。我说是理想状况，实际情形并不乐观。除了上述脱节，或者说正是由于上述脱节，我们的学生们在中学时过着严苛的、悲惨的生活，到了大学呢，就相当幸福、相当快乐了，因为中国的大学是"严进宽出"的，很少听说有谁进了大学毕不了业的。这是极不正常的现象，我们的青少年长身体的时候被"过度学习"，而发育期过了，成了成年公民，到了拚搏的时候，却已经对读书失去了兴趣和动力。这叫什么事？

我觉得我们基础教育最大的问题是"过度学习"，就是学得太多了。青少年们根本没有游戏的时间和空间，如何可能有创造力？前阵子我给毕业班同学讲话，讲到一个笑话：泰国这么一个小国家，共6500万人，只有我们的二十分之一，男人只有三千多万，当兵的、当和尚的和当人妖的占去四分之三，还剩下四分之一应该是老弱病残了，从里面挑了几个人踢足球，竟然把中国队踢翻了。为什么？主要原因之一在于我们的教育制度。我们的小孩子们哪有时间和精力踢球呀？

最近《中国青年报》社会调查中心做了个社会调查，调查了五千多人，结果表明，58.6%的受访者表示大部分已经不记得中学时代所学的知识，只有2.5%的受访者表示还记得。其中，数、理、化是被受访者忘记得最厉害的三门课程。仅8.6%的受访者表示毕业后经常用到中学所学知识。这也算是对我们的教育制度的一个讽刺。

今天我要跟大家讨论"人文"和"教育"两个概念，合起来就是"人文教育"。我们采取笨办法，先说"人文"，再说理想的"教育"，最后说说"人文教育"。

一、什么是"人文"？

在中国传统中，"人文"一词是极广义的。《周易》有言："刚柔交错，天文也；文明以止，人文也。关乎天文以察时变，关乎人文以化成天下。"可见"人文"是与"天文"相对而言的，"人文"是指社会人伦，而"天文"是指天道自然。所以，在中文语境中，"人文"是个十分模糊的概念，通常关于"人文"的解释是相当宽泛的：1、指礼乐教化；2、泛指各种文化现象；3、指人事、习俗、人情。

与此相关的是"人文主义"概念，这是一个在近代欧洲出现的概念，现有的解释大致也有三条，即"人本"、"个人"、"自由"。具体说来，一是"人本"观念，就是要以人为本，以人为中心。历史上从神本位、君本位到人本位，总归是一项进步。在自然观（宇宙观）上则是人类中心论，这未必是好事。二是"个人"观念，就是承认、尊重、保护个人，特别反对专制制度利用"国家"、"集体"、"组织"的名义侵犯个人的权利。个人是根本，个人的生命权、自由权和财产权以及这种权利能否得到保护，是衡量一切制度好与不好的根本点。三是"自由"观念，主张"政府的唯一宗旨是保护个人创造财富和享受幸福的自由"。"自由观念"同时指"每个人"的自由，只有尊重他人的自由，才能有自己的自由。争取自己的自由，而决不损害他人的自由，这就需要规则。个人遵守规则就是尊重他人的自由，也是尊重自己的自由。于是，规则意识就成了自由国家国民的基本素质。

最后，我们还可以从"人文科学"角度来了解"人文"。同学们知道，我们把科学分为"文科"与"理科"——现在高考时还有"艺考"，其实艺术也可以归入"文科"中。但"文科"与"理科"的划分是十分笼统的。"文科"应该包括人文科学、社会科学和艺术；"理科"呢，应该包括自然科学、工程科学和医学。同济大学目前已经有上面讲的所有科学，所以是一个综合性大学；但由于它工科强大，故还被认为是一座"工科大学"。实际上"工科大学"这个说法是很要命的，如果只有"工科"，就不能被叫做"大学"，因为"大学"本来就是指多科性的高等学校。

好，我们前面分了人文、社科、艺术、自然科学、工科、医科等，则"人文"该如何来了解呢？它只是这许多"科"中的一"科"吗？"人文科学"意义上的"人文"指的是什么呢？是指哲学、文学（艺术）、历史等，我们这儿简称"文史哲"，在欧洲恐怕还要加上"神学"一门。在德语中，"人文科学"也被叫做"精神科学"（Geisteswissenschaft），与"自然科学"（Naturwissenschaft）相对。所以我们可以看到，即便在学科意义上，"人文"也是广义的，因为它是以人类"精神"为讨论课题的。"精神"太广了，关于自然的知识也是"精神"范畴的。所以人文科学天生就是无边的,它跟人类所有的知识形态和文化形式发生关系。

另外,在欧洲,人们经常还在"人文科学"前头加上一个形容词"历史的/历史学的"(historisch),叫"历史的人文科学",为什么?是因为人文科学是历史性的,我们今天学哲学,还要不断地研究和讨论柏拉图、亚里士多德、孔子、老子,但如果来研究物理学,那我们就用不着关心亚里士多德的物理学了,甚至用不着关心牛顿的物理学了(虽然在哲学上还是关心的)。差不多可以说,自然科学的知识是进步的(淘汰的),而人文科学则很难说进步。

无论是中国古代与"天文"相对的"人文",还是欧洲"人文主义"意义上的"人文",还是"精神科学"意义上的"人文",都让我们意识到,"人文"不简单,比其他科学门类要复杂,而且有特殊重要性,因为它关乎精神,关乎人心和人的生活整体。

若要我来总结一下,我认为"人文"有如下几重意义:

1、"人文"是普全的,涵盖人类全部文化现象和精神生活。

2、"人文"的意义超出了简单的学科划分,是教育的发动机和目标所在。

3、"人文"代表着人类追求自由、追求卓越和完美的理想。

二、教育的理想与理想的教育

今天在座的都是教育圈内的,包括教育者和受教育者。但要问什么是"教育"?也不是容易回答的。我们大致可以区分广义的教育与狭义的教育。广义的教育是指对人的塑造、赋形(德文的

Bildung即是此意），有目的地培养和增进人的知识、技能、品德、体质的活动，均为教育；狭义的教育则是专门组织的教育，包括全日制的学校教育，也包括非全日制的学校教育，今天也包括电视、网络教育等。如果要我来给教育下一个定义，我会说，教育是由社会来承担的，有组织的，旨在满足公民求知欲，培养公民品德、知识和技能的活动。

我这个定义没什么新鲜的，但我强调了两点：1、教育是由社会来承担的，因为它是公共事业，须由国家来承担，是国家的责任；2、教育要满足公民求知欲，求知是人的天性，公民的求知欲（求知权利）是不可剥夺的，一个好的国家必须承担全体公民的终身教育。而我们离这一点还比较远，这是让人遗憾的。

进一步让我们一起来想想：什么是好的教育？或者说教育要达到什么样的目标？当我们这样问的时候，我们是在设想一种教育的理想状态。理想的教育往往是一种哲学的设计，因为它背后都有一种人性观，一种关于人性的理解。

在西方，最早的教育理想是由第一个大哲学家柏拉图提出来的。柏拉图在《理想国》里为我们设计了好的国家形态，而其中当然含有理想教育的构想。柏拉图的人性理解差不多是自然的，好比自然界有金、银、铜、铁，人性也有天生的分别，是自然的等级，有的人天生高贵，有的人天生平庸，这是没办法的事。因此教育的目标是让人们各司其职，各司其职才谈得上"美德"——希腊文里"美德"（he arete）的本义是"合适性"。一个国家要有统治者、战士、商人等不同角色，他们的人性（天性）也是不一样的。哲学家因为理性强，可做统治者；而战士要意志坚定，要勇猛；商人情欲旺盛，比较贪婪，精于计算。一个国家要运转得好，切莫角色错位，一定要有合理性的安排。好比说，一个高个子应该和一个小个子结婚生子，如果两个高个结婚，生出个更高个的，岂不怪异，不也造成浪费么？还有，小孩生下来要怎样培养？应当归国家来培养，因为任何一对夫妻都无法担保自己有能力培养好小孩。倘若培养失败，谁负责？

近代欧洲最著名的教育理想，是由德国语言学家、教育家和哲学家威廉姆•洪堡提出来的。洪堡的教育理想是人文主义的"完人"理想。教育要培养完美的人，这似乎是一个天然的要求，哪个人不想达到完美呀？大概没有一种教育理想是不求完美的。可能关键还在于对完人的理解。什么是"完人"呢？洪堡的想法是很辩证的想法，他认为人性中有三个"基本矛盾"：自由与必然（规律），想象力与思辨力，个体与群体（民族）；这三个"对立面"必须统一起来，才可能成就和谐完美的人性。那么，历史上有没有这种"完人"呢？洪堡说历史上只有古希腊人是这种具有完美人性的人类，以后的人类大抵都不行了。

洪堡的教育思想对19世纪以后的人类教育影响极大，对中国近代大学的影响尤其重大。它无疑也是一种哲学的设计。它的核心思想有三：完人教养、整体教育、个性自由。因为时间关系，这些我们只能简略带过。总之，洪堡坚持的是一种旨在充分发展人的个性的教育理念和信念。在他看来，素质、个性、修养是教育的第一要务，而知识、技能、专业则在其次。特殊（专业、职业）教育是简单的，束缚人的，只要实施了人的全面理想教育，人成为一个有信念、个性、教养的人，则他就能获得充分的自由，甚至转行、更换职业的自由。

后来马克思的共产主义理想其实也是一种完人理想。马克思说，到共产主义，人就彻底自由了，成为彻底解放的人。怎么个自由法呢？首先是物质上没问题了，不再为生计所累，其次是消除了分工劳动，不再有专业了，是什么都会什么都可以做了。马克思有个著名的说法是："在共产主义社会里，任何人都没有特定的活动范围，每个人都可以在任何部门内发展。社会调节着整个生产，因而使我有可能随我自己的心愿，今天干这事，明天干那事，上午打猎，下午捕鱼，傍晚从事畜牧，晚饭后从事批判，但并不因此就使我成为一个猎人、渔夫、牧人或批判者。"（《德意志意识形态》）有人居然把马克思的这个话当作笑话，真是混蛋得很。我承认马克思是打了个比方，但这个比方打得很好呀。人的追求不是自由吗？自由的生活如何体现？不为物所累，不畸形发展。好比我们锻炼身体，只练胸肌不练别的，于是胸部很发达而别的部位都萎缩了，好不好看么？

马克思的完人理想也是一种教育理想。各位应该已经可以看出来，洪堡所谓教育要使人获得充分自由，甚至让受教育者有转行、更换职业的素质和自由，这与马克思所谓上午打猎、下午捕鱼的理想生活，根本上是一回事。他们要传达的都是一种合乎人性自由发展的、全面解放的教育理想。

三、人文教育和人文精神

我们上面讲到，教育总归含着一种理想。说到底呢，教育就是按着理想的要求培养人，把人培养成尽可能全面发展的人。我说教育是理想教育，各位可能会反感，会说：哼，你只会说些大话，来点具体的好不好呢？好吧，让我们换一种说法：教育是要按可能性来培养人，让人向可能性开放，因为人是可能性的动物，而不是现实性的动物，人跟猪不一样。人跟猪当然也有一样的地方，人也是动物，吃喝拉撒睡，人跟猪都会，都需要。但人呢，总是按照可能性，按照对未来的筹划来安排自己的生活。按可能性来筹划自己的生活，这意思也就是说：人是要有理想的。

　　但是，我们这个时代却是努力想把人拉到猪的水平上的时代。我们时代是一个"技术时代"，也可以说是"物质时代"。人类精神生活变得很动荡、很不安，发生了很大的变化。最大的变化是由传统精英文化来支撑的传统价值体系崩溃了，人类物欲开始不断膨胀。另一方面，我们也看到因为科技的加速发展而导致人类生存的危机，今天的社会已经成为一个风险社会。技术在加速发展，人类从加工自然转而开始着手加工自己，人类作为一个物种的命运越来越变得不可预测了。一种末日的感觉开始弥漫开来。这时候，我觉得人文教育就变得无比重要了。

　　另外就是我们社会的变化和发展。我上大学的时候，你们还没出生，是1980年代。那时候有个口号叫"学好数理化，走遍天下都不怕"。学文科的被认为是劣等生，文科招生量也极少。在今天，学好数理化仍然很重要，但形势正在发生一些变化。往大处说，中国社会解放以后，先后经历了军人领导、技术专家（工程师）领导、文人领导这样三个阶段。有数据表明，现在中国的高层领导多半是文科背景的了（当然这个文科包括社会科学，而不只是人文科学）。社会是很敏感的，今年高考文科的分数线就明显走高了。我认为这是社会的进步。以后，文理科之间至少会达成一个相对平衡，而不是大家一窝蜂都去学数理化，都去学技术。请注意：我不是要动员大家以后都来学文科，毕竟今天是技术时代，掌握科技者更能顺应时代；但以后在社会管理方面，恐怕人文社会科学的学习者会发挥更大的作用。

再说了，人文教育着眼于完美人性和美好生活的可能性。就此而言（就"人文"的广义而言），每个人都是人文的，读书人更是如此，都是人文的，然则并不是每个人都有自觉的人文精神和人文意识。即便是大学教授们，现在有自觉人文意识的教授也少了，而老一代的学者就要好得多，比如我们同济已故的老教授陈从周先生、朱夏先生等，虽然并不从事人文科学，但人文修养深厚；又比如我们现在的汪品先院士，著名地质学家，但写得一手好文章，而且有博大的人文关怀。这就表明有没有人文精神，其实跟你学什么、做什么没有必然关系，你学人文科学的，从事人文科学研究的，也未必就有人文精神。

说到"人文精神"，马上引出一个同样纠缠不清的问题：什么是"人文精神"？它的内涵是什么？凭我个人的理解，我认为"人文精神"有如下三个基本要素：其一是"超越性"，就是说人要有理想，要有宏大的关怀，因为"人文"事关可能性，需要在不断回顾历史、朝向未来的过程中关注当下生活，所以必须有宏大的思路、开阔的眼界和高度的想象力。其二是"批判性"，就是说人要着眼于未来生活的可能性，对历史传统进行不断的重新解释，对当下现实进行强有力的反应。批判是通过否定而达成肯定。只有通过这样一种批判性的解释，历史才可能活起来，我们的生活世界才可能获得定位和定向。其三是"趣味性"，就是说通过人文训练和学习，人要过上一种有趣的、审美的、快乐的生活，无趣的生活是不值得过的。另外落实到人的能力上，学习人文学科就是要让人获致优美表达的能力，能够有趣地、优美地写作和表达。

　　"超越性"、"批判性"和"趣味性"，这是我理解的"人文精神"的三个要素，也是我们的人文教育的目标所在。据此，我个人对于人文科学学生的要求也可以概括为如下三点：其一、脑子清楚，富于想象；其二、勇于批判，敢于承担；其三、表达优美，趣味高雅。我想，有了这样三点，人文科学的意义和人文教育的力量已经得到了显示。

大学实务

大学教改的几个原则

关于我校学科建设的若干建议

人事的核心是保证个人自由

什么是好的大学行政？

教授治学机制与学院民主管理

长院四年的工作总结报告

未来五年我们做什么？

从细部开始热爱生活

大学教改的几个原则[*]

校研究生院这回推出所谓"星空计划",并且具体落实在培养方案的修订上,我认为是一件好事,表明大家已经形成了自觉的改革意识。会议文件里提出这项工作的三个重点(三个关键词),就是:培养目标、课程设置和交叉贯通,这是讲道理和务实的想法。其实培养目标的设定,背后的核心工作是学科定位问题。这次,我院哲学学科各个专业的培养方案受到了表扬,实际上我们做得也比较粗糙,或者可能是说得好做得差,或者也表明其他许多学科点的方案做得实在差了一些。

记得去年修订培养方案时,我们学院是十分当真的,首先是向各学科点提出了集中而稳定的定位要求。我院进展较快的外国哲学专业,2003年设硕士点,2005年设博士点,2007年成为市重点学科,已经快满十年了,该学科点研究方向的设置从来都没有变过,一直都是"德国哲学"、"法国哲学"和"政治哲学"三大方向。这是个好的

* 系作者于 2012 年 12 月 14 日下午在学校"星空计划——同济大学研究生教改会议"上的即兴讲话,事后补充成文,2012 年 12 月 17 日记于香港沙田。

例子。相反的例子是，我们中文系有一个比较弱的二级学科，一共两三个副教授，以前竟然设了六个研究方向（招生方向）。很明显，这样的学科是不可能做好做强的，因为它不知道自己到底要做什么。所以，上次修订二级学科点培养方案时，我们首先控制研究方向（接近于三级学科），比较有实力和优势的二级学科点最多可设三个方向，一般学科只允许设两个方向，硕士点和博士点都是如此要求。我院有一个一级学科博士点，两个一级学科硕士点，现在招生的二级学科点有10个，如果每个点设五六个方向，如何得了？即便按我们现在比较节制的做法，也已经设置了22个研究方向，实在够了——我们一共才70位老师呀。

按照我的理解，学科定位的要点只有两个：一是凝聚力量；二是体现特色。我想在上一次培养方案修订过程中，我们的工作已经很好体现了这两点。有了定位，接着做课程体系的设置就不是什么难事了。当然还有个同样重要的环节是表达，要把我们的学科定位表达好，把课程体系设计好。我们的做法是：先让各学科自己做，然后汇总到院务委员会，由我来统改，修改后再交学院教授委员会审查。事就成了。

在今天这个场合，我不想具体介绍我院学科设置的细节，而是要来跟各位探讨一下大学教改的原则问题。因为我觉得，研究生院在这次会议文件里提出的一些建议和设想，多半是半拉子的修补，还没有彻底的改革措施。但我们的大学教育已经到了必须彻底改革的地步。而如果真要彻底改革，我们要遵循哪些原则呢？我想提出三个原则，即整体原则、差异原则和自由原则，跟在座各位商讨。

一、整体原则

我们或者也可以把它叫做统一原则。大学教学是个整体，这不但指全校各学科专业组成一个教学整体，而且也是指主要由本科生、硕士研究生、博士研究生三个层级组成的整体。这个不难理解，但在具体做法上，却是问题多多。比如学校这两年根据教育部指示，力推"卓越工程师计划"，我认为就是一个不当的计划，没有遵循大学教学的整体原则。把工程教学改革一下，那么，理科、医科、文科教学怎么办？再说，难道工程教学不需要理科、文科方面的支持么？这方面的内容如何改？公共课要不要改、怎么改？在纵向上，本科工程教学改变了，硕士生和博士生教学怎么办？这些都会成为问题。

推动这项计划，恐怕还有一个导向方面的问题，给人感觉，仿佛我们学校要放弃建设综合性大学的目标了。还有，中国社会最近一些年的发展越来越表明工程师时代结束了，而我们却"逆流而动"，再大张旗鼓地推动"卓越工程师计划"。实在让人无语了。这样做只能表明我校办学志向不高。工程技术类专业的教学改革当然要大力推进，这对我校来说尤其具有重要的意义，但我认为，这种改革必须纳入到学校整体教改方案的框架内，而不是把它当作一个独立旗帜来张扬。

二、差异原则

我校学科已经涵盖九大门类，可谓千差万别了。一级学科超过五十个（有硕士学位授权的一级学科52个），二级学科超过三百个

（硕士学位授权的二级学科点303个）。这时候我们必须提出差异性原则了。这个原则也是说来容易做来难。说起来，谁都知道文、理、工、医、艺是不一样的，要区别对待，分类管理。但具体做起来，总归难免简单化，或者不知道在政策上如何具体地区别不同门类的学科。这方面的关键是要有效地区分长线专业与应用类专业。长线专业是人类基础科学，是人类知识的精华，经常"钱途"堪忧，少被人看上，主要指文科中的文、史、哲，理科中的数、理、化、天、地、生。我要说的是，这些学科若不加以保护性发展，则大学就将丧失学术的尊严。应该强调指出，一个综合性大学至少得把文、史、哲、数、理、化、天、地、生九科中的半数以上做成优势学科，否则就会名不副实，难免落后和失败的命运。

　　具体点讲，我校现在许多政策就没有遵循这里讲的差异原则。比如，我院属于最晚建设的专业，涉及四个门类（哲学、文学、史学、管理学），现有教师仅70人左右。但我们早就被告知"超编"了。为什么会这样？因为学校有关部门是按照工科专业的业绩考核方式来要求我们的。举例说来，建筑学年招500名学生，而哲学年招25名学生，是不是哲学只需要建筑学的二十分之一的师资量呢？是不是建筑学需要200个教师，而哲学只需要10个教师呢？——我们现在的逻辑恐怕就是这样。

　　再就是博士、硕士生招生由导师交费的制度，对于工科是可以理解的，对于理科好像也能成立，但对于人文学科来说简直是荒唐透顶。人文写作是强调个性化的，招进来的学生不可能帮导师做课题，也不可能与导师合作写论文（要写的话就是学术腐败了！），在这种情况下，让人文学科的导师们交钱招生显然是极其不合理的。但我们竟然一直不予纠正。

　　另外是导师制和转专业制度。在硕士生阶段，许多研究生还不知道或者还不太明确自己的研究课题，但我校研究生是在通过面试后当即确定导师的。我认为这方面也要做个区分。对于理工类的专业，因为进校以后要落实到课题组里开展专门研究，可以按照原先的规定来办；但至少在人文社会科学内，我们应该取消通过面试后就决定导师的规定，而改成在研究生开题报告后按照课题进行师生双向选择（我指的硕士研究生）。同时，由于长线专业（基础学科）的研究生需要较长时间的知识准备才能进入课题研究，故应该允许研究生在一年级内转专业。

　　再就是研究生毕业发表论文的要求，我认为也得有个差异化的做法。如上所述，长线专业（基础学科）因为知识积累期长久，要硕士研究生进入学科前沿难度极大；而应用性的学科则比较容易完成合作性的课题成果。因此我愿意建议，取消硕士毕业生发表论文的要求规定（当然要鼓励发表论文）；至少是应该取消长线专业（基础学科）硕士研究生发表论文的硬性规定。拿文科硕士生来说，在目前的规定下，他们只好在一些垃圾杂志上交钱发表同样也多半属于垃圾的论文，而且据说这些垃圾杂志的收费标准又提高了，已经变成一个普遍的骗局。

三、自由原则

　　简单说，就是要实现教与学的自由。这是大学教育的核心原则，其实中国大学的问题都可以归结于没有贯彻和实现这个原则。具体到学生一边，首先是要给各级学生选择专业的自由，其次是要给学生们尽可能自主地组织学习内容的自由。最近我校心理治疗专家做了一个调查，竟发现我校超过60%的本科生不喜欢自己的专业。这个比例实在大大出乎我的意料。我想原因很复杂，许多高中生心智未完全成熟，又受到家庭和社会的误导，并不知道自己真正想学什么，进了大学之后发现自己并不喜欢这个专业。不喜欢就学不好，但学不好又难有机会转专业（我们现在的转专业规定是不合逻辑的，是成绩好的可以转专业，成绩不好的没资格转，其实应该是成绩不好的转专业）。大部分学生不喜欢学还得学下去，一定会痛苦，部分同学就会因痛苦而出精神心理方面的问题。研究生的情况如何？我觉得至少就硕士阶段来说，还有专业变动的需要和问题。我的建议是：除了对少数热门专业设立转专业的名额限制外，其他专业都应该彻底放开，由学生自由选择；建议本科二年级前、硕士研究生一年级内享有自由改变专业的权力。这方面研究生院已有考虑，说要试点，我看就不要试点了，直接推出就是。博士研究生的情况稍有不同，原则上不应该允许转专业，但也可以有特例。

另外就是学习内容方面的自由选择。我们现在的状况是，学生一入学，都有一个固定的学习菜单，不可更改。就好比进了饭店，你被告知只能吃这几道菜，其他的不能吃。本科生、硕士生和博士生莫不如此。最近我院聘请的一位中国台湾的教授想在下学期给研究生开一门课，但课名不在电脑菜单上，不让开，他很是生气，来责问我，说还像个大学吗？确实，这种野蛮的情况已经非改不可了。怎么改法？改良的办法是放大菜单以便增加学生的选择可能性；彻底改革的办法则是：1、不规定课程名称，而只设定课程层次，如可分讲座课、初级讨论班、讨论班、高级研讨班；2、只设定学分量要求，包括规定修习本专业的学分量、一级学科课程的学分量和跨学科课程的学分量。如果按照这个做法，那么本、硕、博打通之类的问题自然也就不存在了。

不规定课程名而只设定课程层次的做法也是"教的自由"的体现。大学教师作为研究者要不断推进自己的研究，同时开出学术内容不断更新的课程，则中国大学里教师一辈子只要上一二门课的状况就会消失。此外，此举还可能淘汰掉不合格的师资，学校可以规定教师开课的最低选课学生数（常规为三人），进而可规定如若二个或顶多四个学期都没有足够的学生选某位教师的课，则建议其退出现任岗位（恐怕相关老师也不好意思待在这个岗位上了）。这时候，大学才算上路了。

上面只谈原则，但其中的议论已经涉及到大学教改的一些具体建议。就研究生教学而言，我愿意重申几个具体建议：

1、至少在文理基础学科内，取消面试通过后就决定导师的规定，而改成在研究生开题报告后按照课题由师生双向选择。

2、取消文理基础学科研究生招生要求导师交费的规定。

3、至少在文理基础学科内，允许研究生在一年级内转专业。

4、给予导师开课和研究生选课的自由，取消硕博研究生培养方案中的课程内容设置，而改成最低学分要求（内含本专业课程学分、一级学科课程学分和跨学科课程学分）。

5、取消硕士毕业生发表论文的要求规定（当然可鼓励发表论文）。

最后我还想来强调一遍：由九大门类和本、硕、博三级组成的大学教学是一个整体，研究生教学改革不可能独立进行；学科整体内部又有诸多差异性，要遵循学科各自的特性和规律；而教学改革的目标是要达到教的自由（教师）和学的自由（学生）。这就是我上面讲的整体原则、差异原则和自由原则。

关于我校学科建设的若干建议 *

一、几个原则性意见

吾校同济，百年名校，1949年前为国立大学，声誉卓著，解放后备受重创；20世纪80年代后又未能充分把握发展良机，尤其是在高校合并大潮中未获提升，目前在国内的地位显得有点不上不下，差不多给人"枉得虚名"的感觉了。怎么办？怎么走？大家都很关心。本人调入同济工作已十年有余，也算是老同济了，对于学校的发展多有忧思关切，向来又以好事和革命著称，终于逮一机会，特向各位呈报一点个人见解。

首先我认为我们要有信心。信心何来？来自"同济"两字。想当年本人受命担任同济文科学报主编，一年内把这份学报的全国转载率排名从625名提升至25名，令人刮目相看（但未受校方嘉奖）。何故有此惊人飞跃呀？本人用心用力固然是原因之一；但根本的原因却在

＊ 2013 年 1 月 15 日记于同济大学。

"同济"两字。"同济"配得上伟大。因此之故,不久前有关大学章程开会,有人提出可以"同济天下"四字为校训,本人极表赞成,以为是一个好主意。"同济"既为名词又为动词,同济学子遍布天下,故为"同济天下";同济人同"济"天下,效力于国家社会,贡献于人类大同文化,故又可谓"同济天下"。——"同济天下"气魄非凡,可设为吾校校训。在此重申这个主张。

然以"同济天下"来要求同济的事业,则同济同仁必得具备更豪迈的精神,更宏伟的理想。同济人向来低调务实,心气不高,志向不远,以致多项事业进展缓慢。而今中共十八大后再启重要领域改革,"欠改革的"中国高等教育(这是我对中国高教事业的基本判断)必将成为重点,此时同济若再不思改进,难免再次错失伟大时机。窃以为,改革事业的关键点在于要有"务虚"精神,具体一点来讲,就是:一、要解放思想;二、要发挥想象力;三、要制度创新。下面仅就我校学科发展提出自己的改革设想,供各位参考。

首先我们得假定和确认几个原则性意见:

第一、作为综合性大学,同济大学必须把基础科学中的至少半数以上建设成为优势/强势学科。也即说,我校必须把数、理、化、天、地、生、文、史、哲九大基础科学当中五个左右的学科做成优势学科(国内一流学科)。基础科学是大学之根本,是人类知识的尊严所在。发展基础科学是大学之本质的必然要求,没有高水平的基础科学研究,就不可能有高水平的综合性大学。

第二、作为目前以工科为优势的综合性大学,同济大学必须维持半数以上的工科学科在国内的优势地位,同时要做强若干个新兴学科和应用文科专业。工科是我校目前的特色和优势,我们自然不能放弃这个优势;今日世界科技和多元文化快速变化,大学需要对变化多端的社会现实有适应和反应的能力，故必须发展和强化若干面向社会的应用科学，也须有指向未来的学科意识，及时调整和组织新兴交叉学科。

第三、作为国内名校，同济大学的绝大多数学科应该有完整的培养体系，而且最终要拥有自主设置和调整完全培养体系的机制和权力。 同济的学科建设要有高要求，不能没有完整的培养体系，即本科/硕士/博士培养层级，这就是说，我校的学科不应该仅仅培养"半成品"。有鉴于此，我校应该加快学科建设步伐，争取在最短时间内完成绝大部分学科的培养体系的构造。

第四、我国高等教育事业属于欠改革的或者未完成改革的"重要领域"，而改革的目标是高校办学自主权的获得以及作为自由研究场所的大学之本质的确立。 确认国内大学在体制和管理上大有改进空间，这同时也就提醒我们，不能墨守成规，一味拘泥于现行的体系和规定，而要依照大学的理想本质来要求和设计我们的事业。就学科点的设置和布局来说，我校不应受限于本身就不合理的博士点评审和审批制度，要按照同济自身的逻辑来构造我校的学科点。

以上四点中，第一、第二点为学校在学科顶层设计时需要考虑的两个基本因素；第三点为学科建设工作的目标要求；第四点强调了包括学科制度在内的高教改革的时机和重启改革的必要性。

二、我校学科现状分析

在教育部新制订的13个学科门类（哲学、经济学、法学、教育学、文学、历史学、理学、工学、农学、医学、军事学、管理学、艺术学）中，**我校目前拥有10大门类，即哲学、经济学、法学、教育学、文学、理学、工学、医学、管理学、艺术学，缺历史学、农学和军事学。**——顺便再提一下，教育部公布的目录是有逻辑秩序的，而我校目前在各类资料中发布的现有学科门类排序法十分搞笑，排作：工学、理学、管理学、医学、经济学、文学、法学、哲学、艺术、教育学。这叫什么秩序？什么逻辑？大概取的是"谁力气大谁排在前面"的"强盗逻辑"。

在我校现有10大学科门类中，除教育学和艺术学外的8个门类具有28个一级学科博士点，3个二级博士学位授权点；所有10大门类中，一级学科硕士学位授权点为49个，有硕士学位授权点的一级学科55个。这就是说，**我校目前还有24个一级学科只有硕士点而没有博士点，接近全部学科的半数！**这个数据令人气馁也令人伤心。据我所知，作为门类（也是一级学科）的哲学属于我校最后设立的学科（哲学本科设立于2004年，但现在已经有了一级博士点），这就表明我校不少于20个一级学科是在2004年以前成立的，但一直处于低水准的折腾阶段。

没有博士点，一方面意味着我们没有完整的培养体系，只能培养"半拉子"的人才；另一方面也意味着我们不可能把学科做强、做大，因为在今天国内高校学科布局基本成型和趋于稳定的情况下，学科体系不完善就无法吸引真正高端的人才。正是在此意义上，博士学位的设置成为高校学科建设的主要"抓手"。而我校现有10大门类虽然有8大门类设置了一级博士点，但现有55个一级学科却有24个没有博士点（27个没有一级学科博士点），这就极大地限制了我校学科的整体发展水平。

三、几点建议

如何克服上述学科发展的瓶颈问题？我认为首先仍旧是要解放思想，发挥想象力，创新制度。上面我已经讲了四个原则性的意见，基于这四点考虑，我目前愿意进一步提出如下具体的操作性建议：

其一，尽快完成我校学科建设的顶层设计和总体规划。如上所述，目前我校尚有27个一级学科没有一级博士点（虽然从门类上讲只有教育学和艺术学没有博士点），这些学科的存留和发展就成了问题，十分被动。哪些是必须发展的（特别是有未来指向的），哪些是可以归并的，哪些是可以停办的（停办专业需要特别慎重，既然已经设置了本、硕士点，你要停止它就难了），我们得有一个总体规划和方案，尤其是需要确认未设博士点的学科的发展重点。放任自流总归是不对的。学校要把学科规划、学科点布局的权力用好用足，要充分发挥校方资源统筹和调配的作用，坚决反对在学位点和学科建设上的本位主义，鼓励相关学科的联合和交叉学科的发展。

其二，解放思想，尽快完成我校博士点的全面布局工作。建议校方解放思想（多学学兄弟院校的大胆经验），尽快从同一门类下增设相邻学科的博士点；实在没法增设的，要力争通过申报渠道尽早解决博士点设置问题。重复一遍：同济大学的学科不应该没有博士点；而且我们现在已经有了全面布局的条件。如上所述，我校具有一级学科博士点的门类已有8个，表明大部分没有博士点的一级学科都有已设一级博士点的相邻学科（同一门类下的学科）。在此情况下，学校应整体统筹，以自行增设的方式为同一门类下还没有一级博士点的学科设置博士点，并且最好让所增设的博士点独立招生和管理。原则上，除了艺术学和教育学之外，其他学科应全面布点。

　　举例说来：我校管理学门类早就有一级博士点，但同一门类（甚至同一学院）下的公共管理学竟然至今没有博士点，实在匪夷所思！建议自行增设"公共管理学"（或类似名称）的博士点。再比如，我校已经设有经济学门类下的应用经济学一级博士点，但却没有理论经济学的博士点。建议自行增设"理论经济学"（或类似名称）的博士点。再比如，我校文学门类下已有外国语言文学一级博士点，但同属文学门类的中国语言文学和新闻传播学两个一级学科却没有博士点，建议在中文学科自行增设"中西比较文学"（或类似名称）博士点，在新闻传播学内自行增设"跨文化交际与媒体学"（或类似名称）博士点。

　　学科点的规划和设置工作必须由校方（研究生院）统筹处理，而不是在学院之间或者在学院内部扯皮。研究生院去年推出以一级学科大类招生的方案为我上面提出的布点工作提供了支持。研究生院现在的做法是：在一级学科下自设研究方向，这就给学科点比较大的灵活度和改革可能性。比如哲学一级学科，原先只有4个二级博士点招生（教育部颁布的学科目录上共有8个二级学科），而在2013年的招生方案中我们自设了九大方向（相当于9个二级学科博士点），其中有3个研究方向（古典学、哲学心理学和文化哲学）是教育部目录上没有的，但它们可体现同济哲学的特色。这样一来，我们就可以把两个自设博士点的指标让给其他学科了。

　　原则上，按教育部的规定，我们现有25个一级学科博士点可以增设50个二级博士点，因此，要为经过论证、确认要发展的不超过24个没有博士点的一级学科增设博士点，是完全没有问题的。建议学校限制、甚至停止已有一级博士点的一级学科自行设置新点，把所有增设资格让出来，由学校统筹，用于解决没有博士点的学科的博士点。建议学校在最多三年时间内完成新增点的布局工作。

对于目前还没有博士点的两大门类（教育学和艺术学），建议采取交叉学科博士点的设置办法解决博士点问题。比如，可以从哲学的美学博士点引申出"艺术理论"博士点研究方向；可从管理学博士点扩展出"教育管理"博士点研究方向。或者更直接些，可以借助于哲学一级学科自行设置"教育哲学/教育理论"博士点，借助于管理学一级学科自行设置"教育管理学"博士点。如此等等。

其三，**要把博士点的布局与引进人才工作紧密结合起来**。对于我上面提出的建议，有的同志可能会说："好大喜功"嘛！我当然不会承认。若需要补充解释的话，我会说：凡确认需要发展的我校学科，我们就必须下力气把它们搞好，就必须设置完整的培养体系，反正要做的事，迟做当然不如早做。然而要做好一个学科，关键还在于人才。如若没有人才，即便设置了博士点，也是基本白搭，弄不好还会误人子弟。而反过来也必须说，如果没有学科点，若再加上也没有良好的物质待遇，那么要吸引优秀的人才是难上加难。所以，我们得把学科点（博士点）的布局与引进人才的工作结合起来。我的建议是：对于新增设的博士点或博士点方向，若本院相关学科目前没有高水平的学科带头人，建议学校面向全球招聘。此项工作大致可以在三年内完成，即：每年向外招聘10名左右新设博士点或博士点方向的学科带头人。

四、结语

总结一下，其实我要说的只有三句话：1、百年同济应该解放思想，放眼未来，积极改革，冲破现行学科制度的消极限制，不必为没有博士点而苦恼；2、全校统筹，以学科门类为单位，以多种方式全面布局我校确认需要发展的学科的博士点；3、筑巢引凤，引进一批新设博士点或博士点方向的学科带头人。如此，我校一些弱势学科方能得到发展，我校的整体学科实力方能得到提升。

人事的核心是保证个人自由 *

——关于人文学院人事
管理工作的若干思考

一

到今天为止，从本科专业的设置时间来看，我们人文学院仍然属于同济大学最迟发展的学院和学科，因为我院的哲学（2004年）和文化产业管理（2007年）好像属于我校最后申报和设置的专业。所以，即便在我校"第三世界"学院中，我院也属于迟发的或欠发展的——说好听点，则是新生的力量。可气的是，我院刚设立的那一年（2006年），就被告知已经"超编"了，现在则更加"超编"了（今年居然超了17人）——这就好比说，我刚生下来就老得不行了。仅凭此点，即可看出我校在治理方面是十分笨拙的，是不思改进的。

今天不说这个，要说人才。办学要有人，这差不多是废话。但人事复杂，有些废话还得经常说。按说中国什么都可能缺，最不缺的就是人，哪怕是"人才"，以中国之大，会缺么？再说了，即便国内缺，

＊ 2013 年 1 月 12 日记于沪上同济，系作者 2013 年 1 月 21 — 22 日在同济大学寒假务虚会上的工作汇报，1 月 15 日在全院教师大会上预报告一次。

国外总会有吧？在上海高校中，据说我们同济模子最大，人最多，但好像是"人多而势不众"，可见同济要的人不够优秀，人事工作不是太成功。我只了解哲学界的情况，比如与北大哲学系相比较，差别可能在于：北大哲学系人多而且多半是人才，取个比例是70%~80%的人才，而我们哲学系呢，可能只能取到40%~50%光景。这就是差距所在。

我院2006年组建，底子是原文法学院社会科学系（后来在此基础上成立哲学与社会学系）和中文系（原为文化艺术系）的师资。因为当时没有学科点，其他条件也不好，所以这个师资是不可能强大的。倒是哲学专业要稍好些，因为原社会科学系的两课师资后来分离出去了，而哲学系的师资差不多是新配置的，可以有比较高的要求，所以在人文学院组建之前（2006年前）就已经聚集了一些人物。但建院以后，连续好几年，我院经济困难，创收乏力，学校支持力度不够，要吸引优秀的人才加盟，基本上是不可能的事，所以，除了少量的补充师资之外，我们有好几年时间没有引进人才了。道理很是简单：如果同济文科既没有好的学科条件，又没有哪怕领先一点点的待遇，那么，好的文科教授为何要到你同济来？有鉴于此，在2011年前的几年，我院的引进人才这项工作基本上是无所作为的。所幸在这般艰苦的条件下，我院也没有流失既有的人才，建院以后六年多，只调走了三人（二教授一讲师），一位是年龄的原因，其他两位则是某种不便明言的原因。

2011年，我院哲学学科获一级学科博士点授权资格；2012年，在各方支持下，我院人文发展基金得以扩大；同年，我院被列入上海市一流学科建设计划（B类），并获批哲学博士后流动站。到这时候，我院就有了进一步发展壮大的前提了，于是，我们重启引进人才的工作，近年来已引进了一批教授，有林安梧教授（台湾）、郭世佑教授（北京）、曾亦教授（上海）、谢志斌教授（上海）等，正在办理调动的有张文江教授（上海）、孙长初教授（南京）、王静教授（重庆）等，另外还补充了五六位新毕业的博士或新出站的博士后，使我院师资队伍有了明显的加强。

二

所谓大学学院的行政，我理解最主要的事体就是"人事"。"物事"当然也有些，但量不大，也没有"人事"重要，况且可以说，"物事"的大部分也是随"人事"而开展的。尤其是对于文科的系科，"人事"显然更为复杂，弄不好就是无比复杂。想当年在老的文法学院，学校领导最头疼的事就是收到大量匿名信，每年向上递交或者四处散发的匿名信，是可以装订成册的。正经论著不多，署名"中文系全体教师"或者"文法学院全体共产党员"的匿名信倒是层出不穷，实在令人悲哀。究其原因，一是文科同志们心思复杂，比理工科的同志们要复杂得多，仿佛是天生的，不好改；二是学科没做好，学术风气不盛，只好搞搞小动作，整整可以整的人；三是管理制度不好，大家待在里面不爽不快。

值得欣慰的是，我院成立六年多以来，人事方面可谓干净利落、积极向上。有以下事实可资证明：

1、六年来在十分艰苦的学科和经济条件下，本院除了上述由于特殊原因调离者外，再无主动调走的，中青年学者无一人流失。

2、六年来每次评定职称，无人直接向本院长疏通关系（仅有一人通过间接关系跟院领导打招呼），也未发生落选者申诉的情况。

3、六年来本院未发生乱写匿名信的情况，似乎也未发生署名投诉的情况。这是前所未有的事情。

我院人事工作方面的良好局面从何而来？有人说是因为本人院长当得好。我得承认有这个因素，但这种说法显然并不周全。比较周全的说法是：本人努力推行的民主制度好。民主制度说简单了就是一个讨论/商讨的制度，凡事都得拿到桌面上来讨论一下，经过商讨而形成的基本民意是必须被优先考虑、并且受到尊重。我对于民主制度还有另一重解释：它只是相对公正的制度模式，也是让受伤害者说不出话来的制度。好比说，我们三人都申请当教授，通过民主程序你们两人当上了而我没机会，我当然是受到了某种伤害，但因为我服从民主制度（我通过投票方式已经转让了部分权力），我得尊重多数人的意见，而且已经表示同意这个相对公正、但不可能绝对公正的游戏规则，所以，我虽然受了伤害却又无法表达抗议，只好回家跟老婆发发牢骚了。

无论如何，民主制度要以保证个人的最大限度的自由为目标。落实到人事工作上，我认为，人事的核心就是保证个人自由。这一点在我院人事及管理体系中得到了较好的体现，具体怎么体现的？下面容我讲三点：

其一、尊重个人自由，允许人才流动。前面已经讲了，特别是我院哲学学科，属于新组建的，在2003－2004年间以及最近一段时间，引进了不少人物，眼下人数已达到31人，不少人才是从外面"挖"来的。你可以挖人家的人，就不许人家来挖你的人？或者，只许人才流到你这边来，就不许你这边的人才自由流动到别处去？逻辑上不通嘛！因此，本院坚持尊重个人选择、允许人才自由流动的原则。改革开放30多年了，中国社会取得的最大进步是什么？是个人自由度的增加。有的同志自己到处"流动"，经常"跳槽"，但自己手上有点权力后，却恶狠狠地限制别人，不让别人自由选择，我认为这些同志的心态还停留在改革开放之前，也有可能属于良心大大的坏了的一类。

我院也曾有几位同志故意放出风声来，说要调走了云云，意思是需要我们以某种方式安慰安慰她/他。我们的做法是不予理睬，因为我们认为，调动、流动的事纯属于个人事务，是个人自由。这样一来，反而没有人真正调离。本院真诚地认为，每个人都有追求更美好生活的权利，阻碍或者剥夺他人这个权利，说轻点是伤害人，说严重点就是反人性之举。如果你觉得去别处你会有更美好的生活，那么，我作为一个个人或者我院作为一个组织有什么权力限制你呢？万一你去了以后心情愉快，创造力大增，做出更伟大的成就来，那不是好事么？不是对你、对国家、甚至对人类都是大好事么？

其二、**提倡学术自由，实行教授治学。**自由是需要制度来保障的。这一点十分重要，如果没有制度保障，则自由的主张势必沦于空洞。我院人事为何清明？关键在于制度保障。我院目前的运作实际上只有三个班子：1、院务委员会（由院行政和院党委组成，院长任主任）；2、教授委员会（由全体教授无候选人民主选举产生，每年一选）；3、院理事会（由赞助本院的企业家、社会知名人士和我院部分兼职教授组成）。

在上列三个"班子"中，相互间的关系十分明晰：1、院务委员会或院长要对教授委员会和院理事会负责，包括学科规划、学院发展、引进人才等重要事项，也包括年度预算、经费开支细目等，均需向教授委员会和理事会报告并审批。2、院教授委员会是学院决策机构，每年春季学期开学第一天由全体教授民主选举产生，应该集中了本院最好的教授。这个委员会代替了学校目前设置的所有其他委员会，所以比较忙，每月得开二三次会，且完全是义务的——谁让你当教授的呢？这个委员会是本院学术民主和公正的体现和保证，有监督、决策、仲裁等多项功能。3、院理事会是本院的"外部"机构，每年只开一次会（不包括网上讨论），是在每年校庆期间。这个委员会的作用在于：原则上可向校当局建议院长人选；每年审查院长工作报告，对学院事业发展有咨询和建议权；监控本院人文教育发展基金的运作，审查学院年度财务预算和财务开支情况等。

这是一项稳重而有创意的制度设计，它既照顾到了国内高校的现状，又有制度面上的创造性突破。其实呢，除上述三个组织之外，还应该有一个"教师代表大会"，我们学院没有设这个，而是把它简化，换成"全体教师大会"，是现成的，只在行政换届（每四年）时才发挥作用，就是用来选举院长、副院长的——院长是在全体适龄的教授当中无候选人民主选举产生，副院长则是在全体适龄的教授和副教授当中无候选人民主选举产生。

其三、推行人性化管理，采取低限考核要求。我院现有77名教职工，加上本、硕、博士生，也接近700人，说来也不是个小单位了。凡组织都得有管理，要通过上列机构和机制形成一些规则和要求。一开始本院全面放开，以至于到了放任的地步，无论科研还是教学，根本没有考核要求。因为当时我们做了一个现在看来未必正确的假定：假定每个教师都是自觉的，是愿意为中国的教育事业和人类文化事业做出贡献的。结果呢，一些教师，特别是青年教师，就少上课、不上课，学术研究上也不思进取。当时年终统计工作量，都是几位老教授位列前茅，我只好称之为"啃老骨头"现象。这时候我们意识到，事情不能这样继续下去了，自由也是有限度的，必须有制度性的约束。

我们首先制订了教师最低教学工作量规定，简称4－5－6规定，即教授每周至少须上4节课，副教授每周至少要上5节课，讲师每周至少要上6节课，若未达到这个最低要求，就按比例扣除岗位津贴。在教授委员会讨论这个规定时，也有的同志提出要有更高的要求，比如讲师每周至少得上10节课之类，但最终未获通过。大多数同志认为，研究型大学的教学工作量不能定得太高，而且，提最低要求可以体现我们倡导的自由原则。上述规定实行后，效果很好。

到这时候，我院还没有提出教师科研工作量的考核要求。教授委员会的主流意见认为，大学是研究的场所，而研究是自由的，是不能完全量化的。大家对国内越来越盛行的量化考核体系有反感和抵触，是完全对头的。但到2011年，经过反复酝酿，我们还是形成了一个最低科研工作量的考核要求，即：教授每年至少发表3篇论文（著作、编著、译作均可折算），副教授每年至少发表2篇论文，讲师每年至少发表1篇论文。我在全院教师大会上的说法是：讲师每天至少得写30个字，副教授每天至少得写60个字，教授每天至少要写90个字——因为文科论文的篇幅多半在一万字（汉字）左右。

在上述两项低限规定的基础上，我院进一步构造了一个十分简单和人性化的年度绩效考核体系，经教授委员会讨论通过后在我院实施。这个考核体系的要点是：取教职工两个月的岗位津贴用于考核，分五个层级（A岗教授、B岗教授、C岗副教授、D岗副教授和E岗讲师，办公人员除外）考核，计算出每个层级的平均教学工作量和平均科研工作量，凡高于平均值的教师给予奖励，凡低于平均值的教师则给予处罚。2012年度各级岗位的教学和科研平均量如下：

平均教学工作量(课时)	平均科研工作量(折合CSSCI论文篇数)
A岗教授： 353.7	5.82篇
B岗教授： 310.0	2.13篇
C岗副教授： 248.5	4.525篇
D岗副教授： 264.6	1.85篇
E岗讲师： 236.4	1.28篇

2012年度绩效考核结果很直观地说明了我院教学和科研状况：其一、A岗教授（我院共7人，均为国内知名学者，但不含3位校特聘教授）是我院教学和科研的主力军，教学和科研两项均处于领先地位；其二、副教授中的第一档即C岗副教授，全院共10人，他们的科研量超过了B岗教授，表明我们对此岗位的设置是完全有道理的，他们是我院教师中最有活力的一个层级；其三、总的来说，科研和教学并重的教师最占优势，但各层级也都出现了教学大户或科研大户，可以相互抵充，或以教学抵科研，或以科研抵教学。

2012年的考核结果表明，这个绩效考核体系相对而言不繁复，也体现了多劳多得的基本原则，拿A岗教授来说，业绩最好的一位教授得奖励约9000元，业绩最差的被罚约11000元。这个考核体系基本上包含了上面提到的教学和科研最低工作量规定。凡达到上述两项要求的教师，基本上也就达到了平均值。另外，这个考核体系强调分类考核，既对不同层级的教师提出不同要求，也照顾到了教师们的差异化特点，比如有的老师科研能力较差，那就多上课，以教学来弥补科研，反之亦然。这个考核体系还可以系数来增或减奖罚量，因此也比较有弹性。我们将在实践中不断完善这个体系。

三

上面主要讨论了我院的人事制度。"制度"这个词，按我的理解就是"制造尺度"，是制"度"。为人事制"度"并非易事，既需要宏大的想象和积极的创意，又需要审慎的设计和细微的论证。但无论如何，我愿意在此再次强调的是，人事制度的核心是在最大程度上保证个人的自由。在这方面，本院已经做了试验，也体会到了制"度"工作的繁琐和艰难；但我们愿意继续努力，改进和完善我们的制度和游戏规则。

什么是好的大学行政？ *

我最近对于国内高校的党政机构运作发生了一点点兴趣，倒并不是因为自己想要混个一官半职了（老实说，不是我没兴趣，而是我已经过了想这事的年纪），而是有感于自己所在学校的复杂而混乱的管理状况，心有不满。为了对照起见，我专门去网上查了国内几个学校的情况。如北京大学，现有28个党政部处，名为"管理服务"，名称听着比较人性化（毕竟是中国最好的大学呀），机构数量已够吓人了，但比较起来还算少的。上海的复旦大学，除了医院口子的机构，现有常轨部处31个，名为"组织机构"。最厉害的就是我们同济大学了，竟然有38个处级的机构（还没加上新设的"学科办"、"招生办"等），名为"行政机构"和"党群机构"。我想，这也是造成我校与北大、复旦等高校的差距的重要原因之一。我校的机构实在太臃肿了。我们需要对此做个检讨和反思。

有人会说，社会主义国家嘛，大家都得糊口饭吃，就该多弄些职

---

* 2012年12月28日记于沪上同济，系作者2011年12月29日上午在同济大学党外人士座谈会上准备的讲稿，因故未作。

位，让阿狗阿猫都分个一官半职。这自然是可以同情和理解的一个理由。但这不合做事的道理。比较而言，机构臃肿的害处是远远多于好处的。机构多了，并不意味着事好办了，情况可能恰恰相反：事情更办不成了，工作更加难以开展了。我认为基本上可以形成一个定律：一个单位（如一个大学）内设机构的多少与这个单位（如一个大学）的水准成反比。

为何？因为机构一多，有些职能必定会重叠，造成职权边界不清，各院系或者教师们要办个事，就经常会有找不着北的感觉。比如，现在我校在人事处之外又专门设了个处级的"人才中心"，在教务处之外又专门设了处级的"教学质量管理办公室"和"招生办"（即把原来的教务处一拆三了），在科技处之外又专门设了一个"学科办"，等等，后果是什么呢？是我们办事不知道找谁了。责任呢，也更难以明确了。

更可怕的是，部处一多，"服务机构"一多，我们教师们，尤其是院长、系主任们，就更忙乱了。各个机构设在那儿，总归是要经常显示一下自己的存在的，不然就失掉了设置和存在的意义，或者，相关的部处领导们就会觉得自己不那么重要。怎么显示法？各部处就得设法找事做，有事没事就发个文件或通知，请各院系人物去开会，这会一开，分管的校领导也是必须到场讲话的，要不然，这校领导的存在也会被置疑。所以现在大家都很忙，忙得更不可开交。

试想，我校38个部处每年平均开五个会议（据我所知，统战部工作做得最好，会最少，而其他的部处何止五个会？），就有将近200个会议了，加上校长书记们也不时要召集会议，所以就得超过300个会议了（我初步估计每年得有500个左右会议），大学就成了会场，你说我们忙不？而忙的结果，本来应该是好的，但遗憾得很，学校的工作益发差和乱了，基本处于"半无政府状态"，教学和研究的水平也就往低处走了。

我观察现在校方的逻辑：你这个部处的工作没做好，又不能把你撤掉，于是只好此外新设一个机构，比如人事工作没做好，要加强，怎么办呢？就再来一个与人事处并列的"人才中心"或"人才处"。即便出于良好的动机，这种想法和做法也还是糊涂逻辑之一种。试问：若A部门没做好，就增设个A1部门，那么，万一新设的A1部门也没做好工作，是不是要再增设一个A2部门？有完没完呢？

还有个层级设计的问题，也能体现出行政的效率。比如说我校教师评职称，原先是三级制，即先在各院系设"初评组"，然后在院系面上设"学科组"，最后通过学校"高评委"投票表决。这三级制在我看来就已经过于复杂了，而且经常得不出公正的决定。早些年我们哲学学科还有一个"初评组"，结果呢，十分可怕，因为"初评组"通常是由资料室主任、工会主席、团委书记、办公室主任等组成的，更讲人际关系而不看学术水准，于是经常把"学科组"认为好的评成差的，差的评成好的。有鉴于此，我们当时就把这个"初评组"给取消掉了。三级评审在我们这儿就简化为二级（"学科组"和"高评委"），实施几年，效果出奇地好，维护了基本的学术公正。

但现在呢，校方又重新把我们的事弄复杂了。学校决定在"学科组"与"高评委"之间，再设一个层级，叫"分委会"，比如理科好几个学院合在一起，设一个"理科分委会"，文科好几个学院也设一个"文科分委会"。这样，学校的职称评审过程就成四级制：初评组——学科组——分委会——高评委。效果呢？自然是兴师动众，天天开会，到处吵架。这事做得真是差劲。化学教授能对物理专业做出鉴别吗？外语教授能对哲学做出评判吗？——这无疑又是失败行政的一例！

　　好的行政，特别是好的大学的行政，必须是简单明了的。在大学里，行政管理所涉对象多半是思路相对比较清晰的人们，故尤其要有简明的行政，要有一个在横向逻辑和纵向层级上都清楚明白、简明扼要的制度安排，而千万不能设计出一种旨在把大家的脑子弄成糊涂蛋的管理体系来。

教授治学机制与学院民主管理 *

为保证学院学科建设、人才工作、教学科研工作的顺利开展，推进决策科学化、管理民主化，我院自2006年成立以来推行教授委员会制度，形成了适合学院实际的教授治学机制。6年来的实践探索表明，教授委员会制度是一项适合高校民主办学的有效机制，值得坚持和推广。

一、我院教授委员会的制度设计和运作模式

2006年建院伊始，人文学院就开始探索建立适合我院实际的教授治学决策机制。经教授们反复讨论，并得到全院教师同意，学院制订了《同济大学人文学院教授委员会章程》（以下简称《章程》）。《章程》对教授委员会的性质、职权范围、人员构成及工作规则等作了明确的规定。

---

* 2012年3月因校方要求，总结我院教授委员会的运作模式及经验。我的同事刘日明教授起草了初稿，后由我修改。

　　《章程》规定院教授委员会为我院最高决策机构，并代表了按学校规定应设立的学术委员会、学位委员会、职称委员会、教学委员会、考评委员会等机构。学院教授委员会成立的目的是尊重发挥教授的治学功能，保证重大问题决策中的科学性、公开性和公平性，避免学院重大问题仅仅由学院领导个人决定、不透明操作的做法，营造学院民主、团结、和谐的氛围。

　　《章程》规定院教授委员会的职权范围是：凡涉及学院的学科、学位、职称、人事以及其他重大事项和问题，均应交教授委员会讨论决定；教授委员会对学院行政（院长及院务委员会）具有协助与监督之双重作用；教授委员会形成的决定，对院内以教授委员会名义发布，在合适情况下，对外可以我院名义发布。

　　关于教授委员会的人员构成，《章程》规定：根据学校通则和惯例，我院教授委员会一般由11人组成（若有需要，可增补为13人），在我院在职教授中产生；凡我院在职教授（或相应的其他职称）均为教授委员会之当然候选人；考虑到国情和校情，我院院长和书记为教授委员会之当然委员；其他9名委员由我院全体教授无候选人投票产生；教授委员会委员任期为1年，每年春季学期开学第一天为教授委员会换届时间；在任期内，如有需要或特殊情况，经院长推荐或教授委员会主任提名，由教授委员会表决，可替换或增补成员；教授委员会设主任1名，副主任1－2名，主任和副主任均由教授委员会选举产生，我院院长和书记不能担任教授委员会主任和副主任职务；教授委员会设秘书1名。

　　教授委员会开展工作的具体规则为：由院长提议，教授委员会主任召集，可召开教授委员会会议，如主任因故不能召集，亦可由副主任召集；教授委员会的决定以记名投票方式产生，不记名的投票属无效，如采用其他方式，应由主任提议，且与会委员无异议；全体委员过半数出席，则本次会议有效，出席委员过三分之二赞同，则所议决定通过；凡涉及到教授委员会某个成员的事项讨论时，必须实行回避原则；教授委员会会议须有详细的会议记录，会后要对有关决定结果进行公示，并在学院范围内发布教授委员会的公告；教师本人如果对教授委员会的讨论和评定结果不服，可以申请复议一次。

二、教授委员会在学院科学决策民主管理中的主要作用

我院6年来的实践探索表明，教授委员会对学院的良性运行和健康发展意义重大。教授委员会制度真正体现和落实了教授治学的原则，它对于学院的科学决策、民主管理以及整个学院良好氛围的营造起到了重要作用。

教授委员会的存在是对教授知识、能力、人格的信任与尊重，是教师主人翁地位得到充分确立的真正体现，是避免学院政策和工作可能出现重大失误的有效方法。学院不是任何个人的学院，任何个人的知识、能力、判断力、精力总是有限的。学院工作的开展、学科建设的推进、学科规划的设计、对人才科研水平能力的鉴别和考核，不可能仅仅依靠学院党政领导个别人去完成，而必须调动全院教师的积极性，尤其是要充分发挥教授们的积极性、主动性和能动性。教授委员会是教授们进行讨论、辩论的有效平台，借助于教授委员会的集体智慧，让不同学科的教授们充分发表自己的看法和建议，在争论中求得统一、形成共识，最大限度地避免学院政策可能出现的重大失误。我们学院这些年在学科发展、人才引进等工作领域一些成效的取得，也证明了教授委员会在这方面开展工作的效果。

教授委员会是增强学院政策决策过程的透明性和公开性的必需途径，是避免教师与学院领导之间产生意见矛盾的有效方法。在很多情况下，教师对学院领导工作的误会和意见，根源于政策制定和实施过程的不公开性、不透明性。教授委员会的设立和运作恰恰可以增强学院决策和行政的透明性和公开性。

教授委员会的存在可以较好地保证学院政策和工作的公平性，可以增强学院的凝聚力，为整个学院营造宽松、团结、和谐的良好氛围。人文学科的成长发展需要有相对宽松、和谐的学院环境。这些年来，由于学院的重大政策和举措都是由教授委员会集体讨论作出的，决策过程的公开、公正、公平避免了学院内部的许多矛盾，整个学院风气正派、富有朝气活力，教师与教师之间团结和谐、互相信任、少有怨言。老师们很留恋珍惜人文学院这种氛围，即使物质生活条件相对较差，建院6年来也没有教师因为学术环境和心情方面的原因而调离我院。再举教师们最关心的职称评聘工作为例，6年来我院的职称评聘工作不再设初评组、学科组，这两个组的功能都由院教授委员会代替，教授委员会很好地担负起了学院职称评聘的职责，保证了职称评定过程中的公平性。因此，每年度的职称评聘前，申报者没有人会跟院领导和教授委员会成员打招呼，面对每年职称评定的结果，未被评上的申报者中也没有人对院长有怨言，更没有出现写信状告学院领导的事情。这充分表明教授委员会对学院民主管理及良好氛围的营造所起的作用。

三、我院教授委员会运作过程的几点经验

1、正确界定并协调好学院行政、党委（党总支）与教授委员会三

者之间的关系，是教授委员会能够发挥作用的前提。从本质上讲，学院行政、党委与教授委员会并没有自己特殊的利益，三者的目标是一致的，都是为了学院更好更快地发展。学院行政尤其是院长对学院的学科布局、人才引进等重大问题提出设想，以自身的行政执行力推进学院各项工作的实施和落实；学院党委把握好学院发展的政治方向，协调各种关系，为学院各项工作的开展提供思想保障和支持；教授委员会作为学院的最高决策机构，对学院的重大事项做出决策，为学院的发展提供智力支持，并且对学院行政（院长及院务委员会）工作进行监督。明确各自的职权范围和工作任务，协调好三者关系，学院工作才能真正有序地推进。

2、学院领导转变权力观念，树立简化行政权力的意识，并以规章制度的形式建立教授治学的长效机制，是教授委员会运行并真正发挥作用的关键。学院领导的行政工作必须围绕学科建设、科学研究和教学人才培养等中心任务而展开。学院领导要树立正确的权力观念，通过制度建设来管理学院，要有院长、书记可以随时换人而学院照样有序健康发展的想法。这样的院领导就乐意从繁杂琐碎的行政事务中摆脱出来，乐意简化行政，把学院重大问题的讨论和决策权交给教授委员会。这不是学院领导要推脱责任或者行政不作为，而是一种行政权力观念的改变，是学院行政管理方式的转变。

3、教授委员会成员的责任意识、大局意识及公平意识是教授委员会能够获得正当性和权威性的重要保证。教授委员会成员必须抛开自身的学科、系科成见，要有公正的立场和良好的判断力，在讨论和决策时要出于公心，唯如此，教授委员会才能获得自己的权威性。这既需要教授委员会成员的自律，也需要制度设计上的保证。

长院四年的工作总结报告*

一、学院整体工作

1、本人四年来主持人文学院工作，学院发展被认为是不错的，但我自己并不满意。想当年学院刚成立，我花了几个月时间来做学院"十一五"发展规划，可惜由于内外部的原因，其中有许多理想未能实现。

2、学院成立伊始就搬家，搬到一二九礼堂；后来没两年又搬了一次，搬到现在的综合楼，实在是累人。以后是不是还要再搬，不知道。但在我们学校，"被搬"总归是人文学院的命运。

3、原设想的学院机构很庞大，颇具雄心，后来为适应形势，作了大规模的调整，现在比较稳定了，差不多是一院三系，一系三所。但说不定来个新院长，事情就难说了。

4、学院人气还算不错。每年都进了3－5人，四年来调离学院的教

* 2012 年 5 月 25 日记，在学院院长换届（2006－2010 年）教师大会上的述职报告。

师只有2位，且都是有个人特殊原因和问题的。以后是否能维持队伍稳定，未知。

5、学院教学状况良好，本科专业调整基本完成，教改走在学校前列，贯彻了大学的基本精神。在本科教育评估中，本院坚持适当抵制，尽量减少损失，最后气走评估专家一名，本院长因此受到批评，直到最近才得以平反。

6、学院民主制度建设应该说是有成效的，创立了教授委员会制度，简化了行政，维持了基本公正。特别是教师职称评定，在我院变得比较简单了，几乎没有什么争议。连续几年，评审之前都没有候选人找我——在中国，这是十分不容易的。

7、学院执行院一级财务公开制度（向院教授委员会和全院老师公开）。四年来维持了全院教职工的收入未下降，或略有增加。我院人文基金的使用因规范有序，竟被视为学校的模范，受到了表彰。

二、学院学科建设

1、按计划完成了文化产业管理新专业的申报和基本配置，但历史系一直未能推进。所以严格说来，同济人文学院仍然是一个残缺的学院。

2、外国哲学专业于2007年申报上海市重点学科获成功，传说有300万资助，但迄今为止未获一分钱。据说是上海世博会的影响所致，但未经考证。

3、创办欧洲思想文化研究院，在市重点学科外国哲学基础上，形成欧洲文化研究特色学科群，最近终于获学校211三期项目资助80万元。

4、与香港道风山汉语基督教文化研究所合作，创办了基督教文化研究所暨道风山同济中心，从而充实了欧洲思想文化研究院的内涵。

5、对中文学科的定位和发展方向进行了规划和调整，新设鲁迅研究中心，形成中国现当代文学、诗学（文艺学）、古代文学三个学科方向的构架。

6、多次对文化产业专业的发展方向进行了设计，基本成型，但效果还不明显。

三、其他兼职

1、本人于2005年兼任《同济大学学报》主编，同年使该刊转载率排名跃升600名，后一直在20名上下浮动，2008年初入选CSSCI，同年排名第10名，创历史最高纪录，令人悲喜交加啊。

2、本人任校学术委员会等虚职，基本履行了职责。本人曾任中国现象学专业委员会秘书长之职，也在中国美术学院艺术现象学研究所兼职。

四、个人学术研究

1、院长之职对本人的学术研究自然是有负面影响的。本人承担的国家社科基金项目"尼采晚期研究"至今未能完成，即是明证。但四年中，我基本保持了每年1至2本著作或译著和3篇左右论文的工作量。

2、四年来，著作中值得一说的是《后哲学的哲学问题》（个人论文集）和《古希腊语简明教程》两本，译著中重要的有尼采《权力意志》和《查拉图斯特拉如是说》，并即将作为《尼采著作全集》首批三卷出版。海德格尔研究方面没有多少进展，不过即将出版译著《同一与差异》，已完成《哲学论稿》译文初稿。

3、与高宣扬教授联合主编的"同济•欧洲文化丛书"（同济大学出版社）得以整合和继续推进，但出书的节奏大大放慢了。现在大约共出了50种。

五、结语

以上是我大概的工作总结，请各位老师批评。再过几分钟，本届院行政以及系行政就要结束自己的使命了，我就不再是院长了，所以，也许我今天是最后一次以院长身份跟大家讲话了。不过我最后还得跟大家讲两点：

其一、本人性格较粗糙，说话较直接，虽然四年下来已经变得温柔多了，但还不免得罪人。四年中或有得罪之处，请相关同志同情和原谅。院行政方面或有差错，也请直接指出，可供下一届行政参考。

其二、从现在起，原则上每一位教授都是院长候选人，每一位副教授以上的老师都是副院长及系主任候选人，谁来当院长、副院长、系主任？权力就在各位手上。希望在座每一位老师都能本着公正、审慎的态度，排除本位观念（现在我们学院是实体，系并非实体），放弃习惯之见（比如说习惯于孙周兴是院长，谁谁是副院长系主任），选出你心目中能把学院工作做好的院长、副院长等等。

最后请允许我对大家的合作和配合表示感谢！谢谢大家！

未来五年我们做什么？[*]

　　各位老师，大家好！再有十天，2011年就要过去了。最近大家有一些表要填，要做这样那样的总结。我身为院长，更得总结。我先来说说学院的情况。

　　2011年对于本院是重要的一年，我们完成了哲学一级学科博士点的申报，之后进行了初步的布局，增设了中国哲学、美学、宗教学三个二级博士点，加上原有的外国哲学，我们已经有4个博士点在招生了，而且，我们已经做好计划，争取明年再增设3－4个博士点。这个工作仿佛是顺理成章的，但毕竟要动点脑筋，费点口舌。我院的特点一直是思路清楚，当然首先是我要思路清楚。

　　对于我们学院而言，这是学科建设上的重大进展，以后，我们许多事好做了。当然这也意味着，我们现在要做更多的事了。我们得补充师资，引进人才，在年内，我们已经成功地引进了6位高水平的学者：台湾林安梧教授、香港林子淳教授、北京郭世佑教授、上海曾亦

---

* 本人于2011年12月20日下午1：30在同济大学人文学院全院大会上的述职报告，除工作总结外，主要是介绍了学院未来五年发展规划。

教授，广州陈畅副教授，杭州高松博士后等。他们将陆续到任。就在上个星期，院教授委员会又讨论通过，要补充3位师资。

在即将过去的一年里，我院在人才引进方面的工作是值得肯定的。我们坚持了高标准，这主要得益于我们学院教授委员会诸位教授的眼光。以前在我们学科草创阶段，我们进人有点急了，现在我们不会了，也不必了。除了学术标准，这方面我们也得出奇制胜，比如这次林安梧教授和林子淳教授的引进，前面还有冯俊教授的引进，我们是特别成功的。这方面我们还是一句话：胆子要大，步子要稳！必须意识到，在引进人才方面，我们的任务还很艰巨，中国哲学、宗教学、古典学等，还需要一批学者，数量在15人左右。今后我们的目光首先要瞄准海外，一是海外中国学者，二是外国学者，要加快学科的国际化进程。

2011年与学科相关的另一个重大事件是新闻传播学（新闻学和广告学）两个专业的并入，此事正在发生中。我们已经花了不少力气，但因为校当局这方面的思路不是特别清楚，执行力也不够强，此事拖了几个月尚未完工。等到这两个专业正式并入，我院将启动一次本科层面上的学科调整，对学院系科进行优化配置，对现有专业以及即将并入的专业进行重新定位。为此我们已经做了一点准备工作，比如刚刚成立了"艺术史与艺术哲学研究所"，这是为可能发生的文化产业专业的重新定位而准备的。虽然我们已经有良好的规划，但我想我们只能把这个工作推到明年了。

在即将过去的一年里，我个人的学术研究也没有耽搁太多，在此也应该向大家报告一下，以免各位误认为本人只当院长不干别的了。行政工作当然对我的研究是有负面影响的，因此今年夏天我只好跑到德国柏林去躲了三个月。中间因为想家了，又跑回来一趟，所以实际上只待了二个月。但在这二个月里我做成了一件事，一件拖了很久的事。在2011年，本人在尼采研究、海德格尔研究、艺术哲学三个领域上均有进展，出版专著2本（其中1本为扩充修订版，一本为文集），编著1本，译著3本，发表论文2篇；另外在柏林自由大学和图宾根大学发表了2篇学术演讲。主要著译有：1、专著《语言存在论》（修订扩充版，商务印书馆2011年）。2、文集《边界上的行者》（上海人民出版社2011年）。3、编著《德意志思想评论》第5卷（同济大学出版社2011年）。4、译著《同一与差异》（主译，商务印书馆2011年）。5、译著《瓦格纳事件》（商务印书馆2011年）。6、译著《悲剧的诞生》（汉译名著，商务印书馆2011年）。我认为自己做得相当不容易了，但明年的收成大概就没这么好了。

　　以上是学院和我个人的年度总结，请大家批评。下面我要展望未来，谈谈我对学院下一步发展的设想，也希望跟大家做个讨论。在此我想提出的问题是：同济人文学院建院五年多了，下一个五年应该怎么做，做成什么样子？这是我们在座每位老师都要思考的问题。光我一个人想，是不对的。我在这里先提出我的初步想法。

　　第一点，我认为关键是要把哲学学科真正做好做强。前几年，我花了大心思，努力想把中文学科和文化产业管理学科做起来，不能说没一点成效，但效果不是太显著。相反，前几年哲学方面没什么大动作，几乎没有进人，但我们进展得很好，据说作为二级学科的外国哲学已经列为国内第六名了，成了同济优势学科，哲学一级学科已被评为B+（我也反对评估，但它确实也能反映基本的水准）。但我们哲学系依然只有25人。为什么？我认为关键是学科点。没有博士点，在学科制度上没有根基，没有保证，现在看来是不可能做强了。现在我院有了哲学一级学科博士点，有了好的发展前提，所以未来5年，我们的目标是要把哲学做到国内前列。这就需要扩容，需要进人，我们的计划是把哲学系做到50人左右。其实2011年我们已经在做了。首先是中国哲学专业，我跟柯小刚教授说了，给你15人左右的编制，引进一批年龄比你年轻的有学术前景的学者。

我这样说并不意味着我院不要做中文、文化产业专业，以及后面可能进来的新闻传播学了。相反，我认为只有把哲学做好了，别的才能跟进。我下面的一项任务，已经向教授委员会提出来，是要把哲学一级学科博士点扩大到全院各学科。我的理念是，哲学说白了就是一套理论话语，我们各个学科，哪个不要理论么？所以，拿中文系来说，三个研究所，以后每个所都得把博士点方向设起来，文艺美学、文化理论、古典诗学，这是我现在想到的中文系的三个博士点方向。这事有两面：一方面，是哲学要"下行"，去贯通各学科；另一方面，各位老师要"上行"，要注意理论自觉和理论准备——多学点哲学没有坏处嘛。我们要解放思想，在目前这个谈不上完全学术自由的高校制度里，我们得坚持洪堡大学理想，把哲学普遍化，把哲学事业进行到底。

第二点，我要强调的是战斗力问题。革命不是请客吃饭。我要提出的口号是：我们是来战斗的，而不是来吃饭的。我们学院有批评之风，好像战斗力很强，但在许多方面，比如发文章、出著作、报课题等等方面，我院的战斗力就比较差了。我们毕竟是在体制里生活，哪怕这个体制有许多问题，逃避不是最好的办法。我认为，真正的高手是要游刃有余，要进得去出得来。你说我不玩，我就逃，不行么？——你可能真正被玩弄了！比如这次国家社科基金项目申报，我建议本院博士讲师以上的教师，凡是没有在研国家项目的，都应该申报。一次不行二次，三次不行四次，总归会成功。现在资助力度加大，我们为何不要呢？

第三点，我想讲讲学院管理和制度问题。我是一个比较自由散漫的人，又主张民主治院。这当然不错，给我们学院带来了良好的风气，比如每一年的职称评审，都是一次让我感动的机会；但也带来了一些问题。最近我们正在计划申报教育部人文社会科学重点基地，一查，发现什么档案也没有留下来，我们开了那么多次学术会议，都没有存档，邀请了那么多国际国内的学者来讲学，也多半没有记录。一点历史感都没有。我们现在得重新补起来，这事已经特别被动了。还有，我们聘请了那么多兼职教授，什么时候关心过人家？聘完拉倒，像话吗？以后，我们得加强学院管理，树立人文学院新形象，不能再这样下去了。我正跟刘日明书记商量，要在学院管理方面下点功夫。这方面我觉得首先是要加强党的领导，我已经向学校提出：我院工作为何不能更上一层楼，重要原因之一是党的领导不够强，我们这么大的学院，只设了一个总支，只配了一位书记，这怎么行？这个书记不会太累？虽然我不是中共党员，但我已经要求学校给我院设党委，并且增加副书记岗位。

除了党的领导，我觉得还得加强制度建设。在教学方面，我们已经制订了教授4－副教授5－讲师6的最低周学时讲课规定，所谓最低，我想是全球最低。但即便这样，这项规定仍旧取得了良好的效果。今后我们得清理一下，哪些方面还要做哪些规定，其实就是游戏规则。比如我最近还在想，到底要不要制订最低科研成果要求？目前在整个学校，大概只有我们学院没有这方面的要求了。我说过在这件事上我很犹豫。人文研究是自由的，是不可量化的；但没有基本的量的要求，尤其是我们的年轻人，不给点压力，最后会一事无成的，到最后，比如十年以后，大家进行回顾和反思的时候，就会来指责我了，说是我把你们废掉了——会不会呀?

　　同志们,我们学院已经到了一个关键的历史阶段。我们当年的理想正在一步步实现,我们要构建一个具有同济特色的人文学科体系。为实现这个目标,未来五年是关键。而对我们每位教师来说,固然情况各各不同,但现在,我也愿意建议各位思索一下:未来五年你将做些什么?为自己,也为这个学院。谢谢大家!

从细部开始热爱生活 *

接近岁末，学校党政两个系统都要"考评"，要算"工分"。不少同事很讨厌这个，但也没办法，只好应付着——谁让你在体制内养家糊口呢？这方面我倒是真佩服知名学者张远山同志，真正的独立知识分子，自由撰稿人，他出了体制就不想回归了，落得个逍遥自在。我曾经试图把他"勾引"到同济来，并且保证给他最大限度的自由，但被他一口回绝了，绝无商量的余地，弄得我只好心生敬意。张远山同志祖上也是我们绍兴一带的，有骨气，像个绍兴人！我平生最敬重的就是特立独行之人，张远山同志算一个。

不过，关于考核这件事，我倒愿意反过来想，觉得趁机"考"一下自己，"核"一下过去，也不一定是坏事。又一年过去了，做了点什么，有没有该做而没做的事，哪些事做好了哪些没做好，好歹来清理一下，不也是好事么？我原先有记日记的习惯，记了有七八年，基本上是日常流水；但后来有一阵子特别忙乱，而且用惯了电脑就懒得

---

* 2012 年年度总结，2012 年 12 月 31 日记于沪上。

写字了，居然就停止了日记，改成每年元旦第一天凌晨在电脑上做一个新年计划，同时检验一下去年计划的完成情况。刚好这个时候遇到单位例行的考核，两相配合，也是该做的事。只是每年一总结，都觉得做得不够好，有一些理当完成的事没有完成，只好赶紧"拷贝"到下一年度。年年如此。

这回呢？2012年做了什么？我大致盘点了一下，竟然产生了一种满意的感觉，也就是说，居然觉得自己很不错——这种感觉是以前没有过的。

一、首先是单位的事。我兼着人文学院院长，又是哲学学科的所谓带头人。2012年算是比较成事的一年。先是哲学一级学科入选"上海市一流学科建设计划"，虽然不一定名实相符，但总归是为今后的发展铺了路；后来又成功申报了哲学博士后流动站，到年末已经把几位博士后招了起来。同济哲学起步晚（还不到十年时间），除了外国哲学和美学稍有一些亮点，其他都还没起来。但哲学不能只有外国的，所以呢，近年来主要是配置中国哲学的师资，蒙台湾的林安梧教授、上海的张文江教授和曾亦教授不弃，加盟同济，使同济中哲有了一个基本的样子。另外，我以为哲学学科还得改一改陈旧的设置，要弄点创意才好，于是新设了古典学、哲学心理学、文化哲学等新博士点方向。今后同济哲学学科，主要会有三块：一是外国哲学（含基督教哲学）；二是中国哲学（含古典学）；三是具体（应用）哲学，含哲学心理学、分析哲学和技术哲学、伦理学等。此外还有美学和文化哲学，在我院是结合中文学科（文艺美学和文化理论）和文化产业专业（艺术哲学和艺术产业）来做的。结构有了，以后就是引人的事了。

单位的事很多很烦，不能一一道来。还特别值得一说的是，在

2012年内，我们把学院的人文发展基金做大了。这方面我要特别感谢唐总、刘总、徐总三位企业家，是他们的慷慨赞助使我院有了进一步发展的可能性。目前国内艺术人文科学资助体系极不完备，企业或者个人想要赞助艺术人文事业，多半是毫无回报的奉献。而唐、刘、徐三位老总却只是为了一个理想，一个人文的理想。也正因此，我愈发觉得压力重重。

二、我一直告诫自己：虽然兼着什么院长、主编、委员之类，但这些都不可太"当真"（自然也不能太不当真），唯一值得当真的是自己的学者身份。有鉴于此，我给自己立过一个基本规矩，要求自己每年至少要发表三篇文章（长文），编、译、著三本书。

反观2012年，本人年内正式发表的东西不在多数，列在下面：

1、《Aletheia与现象学的基本经验》，载《现代哲学》2012年第1期。

2、《天与地，以及诗人的位置》，载《同济大学学报》2012年第2期。

3、《以创造抵御平庸》，载《文汇报》，2012年6月4日（整版）。

4、《存在与超越——西哲汉译的困境及其语言哲学意蕴》，载《中国社会科学》，2012年第9期。

5、编辑《视象的凝聚》画册（两卷本），中国美术学院出版社2012年。

6、译著《哲学论稿》，商务印书馆2012年。

这个量自然不算多。但我写的东西其实是不少的，特别是今年9月9日晚上9点，我跟硕博士生们聚餐后回家，突发奇想，去新浪网上开了一个博客（我向来是反感这种新式武器的）。三个多月下来，也写了不少呢。这个算不算？还有，年内写了六七个报告，分别在华东师范大学、西南大学、西南政法大学、四川大学、西南民族大学、井冈山大学、南昌大学、香港中文大学等校演讲（本人不会讲普通话，但却喜欢说话）。这个算不算呢？

这个不算，完成而未出版的文字却委实是蛮多的，也不妨列在下面：

1、主编《德意志思想评论》第6卷（约35万字，已交稿）。

2、主编《德意志思想评论》第7卷（约35万字，已交稿）。

3、编辑《海德格尔著作集》前8卷（旧译重新审订，已付印，国家社科重大项目首批图书）。

4、编辑《现代西方哲学经典》（多人合作教材，约45万字，已交稿）

5、译校《海德格尔年鉴》第二卷（约40万字，付印）

6、整理个人文集《存在与超越：海德格尔与西哲汉译问题》（约10万字，已交稿）

7、整理个人文集《以创造抵御平庸：艺术哲学演讲录》（约15万字，已定稿）

8、补译、校改海德格尔《面向思想的实事》（约10万字，已交稿）

9、译完尼采《瞧，这个人》（约15万字，已交稿）

上面的工作看起来有点吓人了，但实际上，多半是以前残留下来的工作，我在年内下了狠心，把它们逐个消灭了。图的是什么？无非是做成一件事后的轻松感。电子时代有个毛病：开头容易收尾难。有了个想法，赶紧在电脑上记下来；或一时热情，还真做了起来，但做着做着，别的事出来了，或者碰上难题了，于是做了个半拉子了，也或者做了个百分之几十，甚至做了大半而未了结。这一年里，我把好些个以前做了半拉子的或者做了大半的题目，来了个解决。于是得了不少快感。

三、还有什么好玩的事吗？有。下面以点评方式，把2012年其他值得一记的事儿罗列一下：

1、今年7月14日，我和蔡枫教授策展的《视象的凝聚——法国/中国具象表现绘画特展》在上海美术馆开幕，主要是中国美术学院的画家们的作品。这是本人第一次当"艺术策展人"，只觉得累人。当时跟老友司徒立教授开玩笑说："一个人如果连策展人都当不好还能干成什么？"应该说，我们的展览还是很成功的，次日参观展览的人数接近四千，从这一点看，这个展览可能是本年度上海最佳艺术展览之一。

2、7月14日真是一个紧张的日子，除了组织上述展览外，快中午时从上海美术馆赶回办公室，接受今年长江学者评审会电话答辩（我入围了，所以要答辩，但最后未获通过）。晚上设宴庆祝画展开幕，出席者近140人。晚饭后赶往老家绍兴，参加我和杨熙楠兄一道组织的"汉语基督教圆桌会议"。到绍兴时已经是凌晨一点了，这时我差不多已经失声。这大概是我这辈子最忙乱的一天了。

3、钓鱼岛和中日关系无疑是本年度国际政治的大事件，我也比较着急，做了不少研究和设想，提出了两个自己感觉很好的行动方案，一个是区域性的方案，另一个则是全局性的彻底解决的方案。跟一些或高或低的人士谈过我的方案，有人赞成也有人反对。反对的几个好朋友当中，甚至有人怀疑我精神出了问题，很是替我担心。——真是要命啊！

4、十月份，受德国柏林的De Guyter出版社邀请，去了一趟德国，没几天工夫，时差都没倒过来就回国了。见了一些人，买了一些书。柏林机场入境时，竟碰到一位在德国工作的同济的老同事；回程在北京转机时，竟然碰到一位以前杭州大学工作时的老同事——直感叹世界实在是越来越小了。

5、学校新成立学术委员会，我成了校学术委员会副主任，一问，没待遇的，心想是未必可以当真的。不过我一向是关心大学改革的，以为再不改，我们的大学真要完蛋了。这方面我愿意再做一些思考，或许也可以在学院面上推些改革措施。十八大都开完了，我们能不跟进吗？

记得一位杭州的女作家写过一个小说：《工作着是美丽的》。这本小说没读过，名称却一直记着。海德格尔说：人生在世，无非一烦。我的理解大致是：烦着也是美丽的。烦正是生活的常态。日常生活是具体而细微的，也总归是烦人的，但无论如何也无论何时，我们都得积极地想象我们的生活。

从细部开始热爱生活，这是我在即将过去的一年里的基本感受。

第三编

制度设计

人文学院教授委员会章程

人文学院理事会章程

人文学院院务委员会章程

人文学院教师职称评定办法

人文学院教师教学工作量规定

人文学院教师科研工作量规定

人文学院教师岗位考核办法

人文学院教师学术休假条例

人文学院教授委员会章程 *

一、通则

第一条：为保证同济大学人文学院（以下简称我院）各项工作得以顺利开展，进一步推进决策科学化、管理民主化，形成适合我院实际的教授治学机制，特在我院成立教授委员会。

第二条：教授委员会为我院最高决策机构，并代表了按学校规定应设立的学术委员会、学位委员会、职称委员会、教学委员会、考评委员会等机构。

第三条：院教授委员会章程也适用于我院各系教授委员会的组成和职权。

二、职权范围

第四条：凡我院涉及学科、学位、职称、人事以及其他重大事项

* 2006年9月5日制订，2011年12月27日修订。

和问题，均应交教授委员会讨论决定。

第五条：教授委员会对学院行政（院长及院务委员会）具有协助与监督之双重作用。

第六条：教授委员会形成的决定，对院内以教授委员会名义发布。在合适情况下，对外可以我院名义发布。

三、人员构成

第七条：根据学校通则和惯例，我院教授委员会一般由11人组成（若有需要，可增补为13人），在我院在职教授中产生。我院各系教授委员会一般由7人组成，在各系职副教授以上教师中产生。

第八条：凡我院在职教授（或相应的其他职称）均为教授委员会之当然候选人。考虑到国情和校情，我院院长和党委书记（或总支书记）为教授委员会之当然委员；其他9名委员由我院全体教授无候选人投票产生。

第九条：教授委员会委员任期为1年，每年春季学期开学第一天为教授委员会换届时间。在任期内，如有需要或特殊情况，经院长推荐或教授委员会主任提名，由教授委员会表决，可替换或增补成员。

第十条：教授委员会设主任1名，副主任1－2名。主任和副主任均由教授委员会选举产生。我院院长和院党委书记不能担任教授委员会主任和副主任职务。

第十一条：教授委员会设秘书1名。

四、规则

第十二条：由院长（院务委员会主任）或教授委员会主任提议，可召开教授委员会会议；有三位以上（含三位）教授委员会成员提议，可召开教授委员会。

第十三条：教授委员会的决定以记名投票方式产生，不记名的投票属无效。如采用其他方式，应由教授委员会主任提议，且与会委员无异议。

第十四条：教授委员会的投票结果对外保密，但教授委员会主任和我院院长有权检查委员会们的记名投票情况。

第十五条：全体委员过半数出席，则本次会议有效。出席委员过三分之二赞同，则所议决定通过。

五、附则

第十六条：本章程由教授委员会表决后生效。

第十七条：教授委员会可对本章程作完善和补充。

同济大学人文学院教授委员会

2006年9月5日

人文学院理事会章程 *

一、总则

第一条：在同济大学迎来一百零五周年校庆之际，为发展和繁荣同济大学的人文学科，建设高水平国际性综合性大学，经人文学院教授委员会讨论通过，决定设立同济大学人文学院理事会。

第二条：同济大学人文学院理事会是一个咨询、指导、监督机构，与学院教授委员会、学院院务委员会并列，构成学院三大各具职责、相互监督的机构。

第三条：同济大学人文学院理事会又是同济大学人文发展基金会的管理委员会，将积极开拓社会办学资源，为人文学院的发展寻求资金渠道，保证基金会的有效、规范运作。

二、组织机构

第四条：同济大学人文学院理事会由学院兼职（客座）教授、具

---

* 在 2012 年 5 月 20 日下午举行的同济大学人文学院首届理事会上通过。

有人文关怀的社会各界知名人士、学校相关部门领导、学院院长和党委书记等组成。理事会设理事长一名，副理事长若干名，由学院理事会成员出任。理事会设秘书长一人，负责处理理事会日常事务。

第五条：理事会可设立名誉委员和顾问若干人，对理事会及人文发展基金的运作和管理提出建议、指导和咨询。

三、理事会的职责

第六条：理事会对人文学院的办学方向、学科建设、人才引进及培养等重大事项提供建设性意见，并对学院决策和行政具有监督作用。

第七条：理事会对学院重大人事变动有知情权和建议权，特别是对学院院长人选及其罢免有建议权。

第八条：理事会作为学院发展基金会的管理委员会，将尽力筹措资源，保证学院发展所需的财力物力；同时负责审查、监督人文发展基金的使用。

四、理事会运作

第九条：同济大学人文学院理事会每年举行全体会议一次，时间一般在5月中旬（校庆期间）；会议将审查学院院长的年度工作报告，对学院未来发展及重大事项提出建设性意见；审查上一年度学院工作和基金使用情况（含人文学院教育发展基金下属全部分支基金），审定本年度基金使用方案；增补或任免理事会成员等。

第十条：在特殊情况下，学院院长或理事会理事长有权建议召开学院理事会会议。

第十一条：因理事会成员分布各地，经理事长同意，可由秘书长组织，通过书信或网络途径形成理事会的决定。

五、其他

第十二条：本章程自批准之后生效。章程的解释权属于院理事会。

同济大学人文学院理事会

2012年5月20日

人文学院院务委员会章程 *

一、通则

第一条：为保证同济大学人文学院（以下简称我院）各项工作得以顺利开展，在我院设立院务委员会。

第二条：院务委员会为我院行政机构，对外代表我院。

第三条：院务委员会接受我院教授委员会和院理事会监督。

二、职权范围

第四条：负责实施校方下达的教学、科研、学科建设、对外交流、社会服务等任务。

第五条：在教授委员会监督下实施我院日常行政和管理。院务委

_____

* 2011 年 12 月制订，由院教授委员会讨论通过。

员会形成的有关我院重要事项的决定，需提交给院教授委员会讨论，获得通过后方可实施。

三、人员构成

第六条：我院院务委员会由院长、党委（总支）书记、副书记、副院长、院长助理构成。

第七条：因工作需要，可召开院务扩大会议（可包括各系系主任、系副主任）。

第八条：院长为院务委员会主任，党委（总支）书记为副主任。

第九条：院务委员会设兼职秘书1名。

四、规则

第十条：院务委员会会议由主任召集。如主任因故不能召集，经主任委托，可由副主任召集。

第十一条：院务委员会接受教授委员会和理事会监督；院长有权提议召开教授委员会和理事会会议。

第十二条：院务委员会的决定以投票方式或举手表决产生。

第十三条：全体委员过半数出席，则本次会议有效。出席委员过三分之二赞同，则所议决定通过。

五、附则

第十四条：本章程由我院教授委员会表决后生效。

第十五条：我院教授委员会可对本章程作完善和补充。

同济大学人文学院教授委员会

2011年12月27日

人文学院教师职称评定办法 [*]

一、投票方法

1、投票程序：先由本院教授委员会成员根据申请者的学术业绩投票打分，在学术排名基础上产生候选人，评议后进行终投。

2、学术排名方法：根据每个评委对全体申报者的排名计分，统计时去掉1个最高分和1个最低分后得出总分排名。

3、记名投票制：教授委员会采用记名投票制，不记名的票无效。

4、投票纪律：投票结束后由教授委员会主任和本院院长审查，对于严重偏离投票结果的评委，由教授委员会给予警告，情节特别严重的，停止其教授委员会委员职务。

二、教授评定办法

1、不分年限，被教授委员会认定学术业绩第一名，予以通过。

＊ 2008 年 7 月 1 日提交教授委员会讨论通过，2011 年 12 月 25 日修订。

2、学术业绩排名前50%，并承担国家级科研项目（学校要求），予以优先考虑。

3、学术业绩排名前50%，任职年限排名第一名，予以优先考虑。

4、结合学科发展需要，在学术业绩排名前50%中投票产生。

三、副教授评定办法

1、不分年限，被教授委员会认定学术业绩排名第一名，予以通过。

2、学术业绩排名前50%，同时任职年限排名第一名，予以优先考虑。

3、学术业绩排名前50%，并承担学校要求的省部级科研项目，予以优先考虑。

4、业绩排名前50%，同时任职年限排名前50%，同时为重点学科梯队成员，予以优先考虑。

5、在第2、3、4条限制条件下仍未满额，则在学术业绩排名前50%中投票产生。

四、说明

1、学术业绩兼顾教学工作量，任职期间平均教学工作量未满本院规定者，不予晋升（两年内新调入的教师除外）。

2、任职年限计算方法：申报教授者以副教授任职计；申报副教授者以博士毕业年限计；博士后人员在正常年限上加一年。

3、前50%排名采取四舍五入法，如前50%为4.5名，则以5名计。

4、重点学科指省部级以上重点学科（如上海市重点学科、教育部人文社会科学基地等）。

5、异议和申诉：落选者有权向教授委员会提出申诉，但只有一次申诉机会。

6、以上办法需经教授委员会投票表决，通过后实施。

同济大学人文学院
2008年6月30日

人文学院教师教学工作量规定 *

为了保证我院本科教学工作及其他各层次教学工作的正常开展，也为了保障每位教师的利益，特制定如下规定。

一、每位在职教师必须承担相应职称要求的本科及其他各层次课程（包括本专业或学院其他专业的各类本科生课程、硕士研究生课程、博士研究生课程，同济大学公共选修课程和同济大学继续教育学院作为教学任务下达到本学院的相关课程）的教学工作量，工作量计算以学年为单位进行考核。

二、相应职称的课堂教学工作量比例为：教授/副教授/讲师（包括助教）＝4：5：6，即教授每周至少承担4课时，副教授每周至少承担5课时，讲师（包括助教）每周至少承担6课时；按每学期17教学周计算，即教授每学期68课时，每学年136课时，副教授每学期85课时，每学年170课时，讲师（包括助教）每学期102课时，每学年204课时。

三、在职攻读硕士、博士学位教师的工作量按照学校有关规定，

＊2011年12月人文学院教授委员会会议上讨论通过。

并依照学校制定的工作量要求（一学年270课时）减半，即一学年135课时。

四、以上工作量为纯教学工作量，即不包括博士、硕士研究生导师研究生指导折合的工作量、科研成果折合的工作量、班主任工作及院系领导的行政工作折合的工作量、毕业论文、实习指导等折合的工作量。

五、在没有本学院各类课程的情况下，教师须开设相同数量的、面向全校的公共选修课，所开设的课目须符合人文学院制订的全校人文通识教育系列课程所规定的名目，特殊情况可由本人书面申请，报学院主管本科教学的副院长审批。

六、本学院各本科专业培养计划中的相关课程，除确实无相应任课教师或者其他特殊原因须外聘师资外（外聘教师须由学院主管本科教学的副院长审批），均由本院（系）教师承担。

七、为提高本学院人文通识教育之效果，本学院本科一、二年级的人文通识课程之任课教师，概由学院统筹安排，一般由一位教授和1－2位副教授（或讲师）组成任课教师小组。学院给予1∶1.2的教学工作量补贴。

八、每位教师原则上只允许给本学院每个年级的本科生开设一门专业课；鉴于文化产业管理专业的特殊情况，可适当放宽到二门专业课。

九、专业课程的任课教师根据课程内容和性质，由系、研究所及相关课程组共同商定，确定教材、授课内容；两人或两人以上共同承担的课程由系、所指定课程教学相关事务（如教学大纲、教学计划、试卷等）的负责人。

十、两人或多人承担一门课程，根据各人承担的实际课时计算。

十一、凡授课数量未达要求者，按实际工作量与岗位津贴的比例扣除相应数额的岗位津贴。

十二、本规定由学院教授委员会讨论，并于学院教职工大会公布之日起试行。

同济大学人文学院

2011年12月

人文学院教师科研工作量规定 *

一、总则

1、为激励我院教师的学术研究，奖励优秀学术成果，特制订本办法。

2、坚持学术自由原则，对成果的考量和计算兼顾质与量两个方面，尽可能避免完全量化的科研管理方法。

3、考核时间为二年一次。成果统计和奖励按年度进行；科研工作量考评则按二年计算。

二、教师科研工作量最低要求

1、我院在职讲师应在两年内发表论文2篇（其中B类1篇）。［折

* 2011 年 12 月人文学院教授委员会讨论通过。

合教学工作量15课时]

2、我院在职副教授应在两年内发表论文3篇（其中B类2篇）。[折合教学工作量25课时]

3、我院在职教授应在两年内发表论文4篇（其中B类3篇）。[折合教学工作量35课时]

三、成果折算办法

1、A类刊物论文1篇可抵充B类3篇，论文署名应为第一作者。A、B类期刊之范围如下：

A类刊物：

1）学校规定的全国权威期刊。

2）国际人文社会科学核心期刊（SSCI）和国际艺术与人文科学收录期刊（A&HCI）。

B类期刊：

1）学术类：CSSCI期刊及扩展版、名报理论版专栏［目录另附］，加上由本校主办的连续性辑刊。

2）文学艺术类：CSSCI期刊及文学类、艺术类名刊（以北京大学核心期刊目录为准），加全国性艺术展览和活动之入选作品。［目录另附］

3）公开出版的国际会议学术论文集和海外公开出版的学术论文集。

备注：对于论文的定性或有争议，由院教授委员会仲裁。

2、论文（含文学作品）每篇字数应在5000以上；低于5000字的论文作减半计算。短篇报刊文章和网络文章不在成果折算范围内。

3、著作（含文学作品）20万字以上抵充B类4篇；10－20万字抵B类2篇；10万字以下抵B类1篇。

4、教材、编著、译注、古籍校注按著作的50%折算。

5、个人论文集、多人论文集主编、调查报告（公开发表或为政府部门采纳）等成果按著作的25%计算。

6、参与著作编写者的成果量须根据出版物上标明的章节计算。

7、丛书主编或丛书编者的成果不予折算。

四、成果奖惩办法

1、论文：按照A、B、C三个等级，计算对应的课酬：

1）A类每篇折合为30课时工作量。

2）B类每篇折合为10课时工作量。

3）C类每篇折合为5课时工作量。

2、著作、编著、译著、教材等成果均按上列折算办法处理。

五、课题奖励办法

1、国家课题：

1）国家重大课题按200课时计算。

2）国家重点课题按100课时计算。

3）国家一般课题按50课时计算。

2、省部级课题：

1）省部级重点课题按60课时计算。

2）省部级一般课题按30课时计算。

3、教改课题：

1）对照上列研究课题给予相应奖励。

六、优秀成果奖励办法

1、省部级奖：

1）省部级优秀成果一等奖（含以上）按100课时计算，二等奖按50课时计算，三等奖（含优秀奖）按25课时计算。

2）省部级优秀学术成果奖包括：国家各部委、省市级奖项。

2、教改成果奖、艺术和设计作品奖：

1）对照上列研究课题给予相应奖励。

七、处罚办法

1、未满最低科研工作量要求的教师，可以超额教学工作量抵扣，计算办法为：考核期内（二年）平均周课时超出最低要求的50%，例如讲师课时要求为每周6课时，若达到或超过9课时，则可抵充科研工作量要求。

2、未满最低科研工作量要求的教师，若同时也未达到上列超教学工作量要求，则被视为未完成岗位职责，将在学院范围内予以公布，并在课时酬金中扣除未完成部分的科研课时补贴的2倍（上限为：讲师30课时、副教授50课时、教授70课时）。

同济大学人文学院教授委员会

2011年12月28日

人文学院教师岗位考核办法*

一、总则

1、学院从教学总工作量和科研业绩两方面对教师进行岗位考核。每位教师预留本人年度岗位津贴总额（含学校岗位津贴和院内增量岗位津贴）的20%用于年度考核，其中10%用于教学总工作量考核，10%用于科研业绩考核。

2、教学总工作量和科研业绩均以1年度（当年度）为考核单位。

3、根据目前学院实际，校特聘教授暂不纳入学院岗位考核，其考核由学校人才办按特聘教授标准统一进行。

4、学院目前分A、B、C、D、E五级岗位，对教师采取同级岗位内部考核的原则，即A岗教授与A岗教授相比较进行考核；B岗教授与B岗教授相比较进行考核，依此类推。岗位津贴的奖惩限于同类岗位人员之间进行，不跨级，学院也不另外增减岗位津贴总额。

---

* 2012年11月5日人文学院教授委员会讨论通过。此处隐去了用于说明实施细则的一些数据。

5、新进教师满一年后才参与学院的岗位考核。该年度内不在岗且被停发岗位津贴半年（含半年）以上的在职人员，不参与该年度的岗位考核；半年以下的不在岗教师，其教学总工作量折半考核，科研业绩按整年考核。

6、学校"英才计划系列人才"的年度岗位考核，目前按照优青骨干、优青、优青培育三个系列，根据上述原则，在同级内部进行年度考核。学校"英才计划系列人才"的终期考核，由学校人事处统一进行。

二、教学总工作量的考核办法

1、计算出各类岗位的平均课时和平均课时金额。

各类岗位平均课时金额的计算公式为：（该类岗位的总人数　该类岗位每人课时部分用于考核的金额数）　该类岗位全体人员的课时总数。例如：A类岗位有9人，每人用于课时考核部分金额为10000，总课时量有3000，那么，A类岗位的平均课时金额为：（9×10000）÷3000=30（元）。以此类推。

以各类岗位平均工作量和平均课时金额为基数，每少于平均工作量1课时，扣除本人与平均课时金额相等的岗位津贴。扣完本人10%的岗位津贴为止；所扣岗位津贴按比例平均加入多于平均工作量的、同类人员的岗位津贴中。

2、为了更好体现考核的效果和目的，学院可以视具体情况，按照同一比例对各类岗位的平均课时金额进行调节。

3、教学总工作量的计算包括：本科生和研究生课堂教学课时数、指导研究生的工作量、指导本科生学年论文工作量、指导本科生毕业论文工作量、指导本科生暑期社会实践及军训的工作量、班主任工作和系院行政服务工作折算出的工作量。

4、除实际课堂教学课时数外，其他工作量的折算办法：

（1）指导硕士生1名，一年折算30课时；指导博士生1名，一年折算50课时；

（2）指导本科生学年论文1篇，折算2课时；指导本科生毕业论文1篇，折算5课时；

（3）指导院系统一安排的本科生暑期社会实践，每指导1名学生，折算1课时；指导学院统一安排的本科生暑期军训，每天折算3课时；

（4）系主任助理、支部书记一年折算30课时；班主任、系正副主任、三级机构研究所所长、三级研究院正副院长、院办主任、院长助理、院教授委员会主任，一年折算40课时；副书记、副院长一年折算60课时；书记、院长一年折算80课时。（除班主任外，其他不能重复折算）。

三、科研业绩的考核办法

1、以本人一年度内（本年度内）发表的CSSCI论文为统计单位（其他科研成果、课题、成果获奖折合成CSSCI论文计算），计算出同类岗位人员发表的平均CSSCI论文篇数。按照1篇CSSCI论文=20课时的标准，每少于平均论文篇数1篇，扣除本人相当于同类岗位平均课时金额20倍的岗位津贴。扣完本人10%的岗位津贴为止。所扣岗位津贴按比例平均加入到多于平均论文篇数的、同类人员的岗位津贴中。

2、科研成果折合成CSSCI论文的办法：

（1）CSSCI论文必须5千字以上，2千字以上5千字以下的CSSCI论文作减半处理。CSSCI刊物参照当年度国家公布的目录进行。

（2）A类刊物论文（字数标准同上）1篇可折算CSSCI类论文3篇，论文署名应为第一作者。A类期刊的分类参照学校规定的目录进行。

（3）5千字以上的非CSSCI论文（含文学作品），每篇可折0.5篇CSSCI类论文；2千字以上5千字以下的非CSSCI论文作1/4篇CSSCI论文算。短篇论文（2千字以下）和网络文章不在成果折算范围内。

（4）学术著作20万字以上折算CSSCI类6篇；10－20万字折算CSSCI类3篇；10万字以下折算CSSCI类2篇。

（5）文学作品、艺术作品20万字以上折算CSSCI类4篇；10－20万字折算CSSCI类2篇；10万字以下折算CSSCI类1篇。

（6）教材、编著、译注、古籍校注、个人论文集按著作的50%折算。

（7）多人论文集主编、调查报告（公开发表或为政府部门采纳）等成果折算CSSCI论文1篇。

（8）参与著作编写者的成果字数须根据出版物上标明的章节计算。

（9）丛书主编或丛书编者的成果不予折算。

3、课题折合成CSSCI论文的办法：

（1）国家重大课题按10篇CSSCI论文计算。

（2）国家重点课题按5篇CSSCI论文计算。

（3）国家一般课题或青年课题按2.5篇CSSCI论文计算。

（4）省部级重点课题按3篇CSSCI论文计算。

（5）省部级一般课题按1.5篇CSSCI论文计算。

（6）省部级及以上教改课题，按一般课题给予计算。

（7）上述课题限于一年内（本年度内）申报成功且实际到款的课题。

4、优秀成果折合成CSSCI论文的办法：

（1）省部级优秀成果一等奖（含以上）按10篇CSSCI论文计算，二等奖按5篇CSSCI论文计算，三等奖（含优秀奖）按2篇CSSCI论文计算。

（2）省部级优秀学术成果奖包括：国家各部委、省市级奖项。

（3）省部级及以上教改成果奖、艺术和设计作品奖，对照上列研究课题给予相应奖励。

（4）上述奖项限于一年内（本年度内）获得的奖项。

四、附则

1、本岗位考核办法已于2012年11月5日院教授委员会讨论通过，自发布之日起先试行一年。根据试行效果和学院实际情况，学院教授委员会可对考核办法进行完善。

2、本岗位考核办法由院教授委员会负责解释。

同济大学人文学院

2012年11月5日

人文学院教师学术休假条例 *

　　为切实保障我院教师的科研工作时间，维护教师的工作利益，促进科研质量的提升，鼓励教师从事严肃认真的学术研究，形成高水平、高质量的学术成果，特制订关于我院教师学术休假的制度。

　　一、副教授以上（含副教授）教师每三年可根据个人工作及科研情况，提前一学期申请时间长度为一个学期的学术假期，报学院审批；申请及审批程序应在提前一学期的第五周前完成，以免影响下一学期的排课任务。

　　二、申请学术假期时，应提供详细的科研工作计划，真正达到改善学术环境、推进个人学术发展的目的，坚决杜绝以学术假期为借口逃避教师责任的现象。

　　三、申请学术假期时，必须避免该学期的教学工作受到影响，如果该学期有某课程必须且只能由该教师承担，则申请不予批准。

　　四、申请学术假期的教师，其教学工作量的核算以包含该假期的

* 2011 年 12 月人文学院教授委员会讨论通过。

两年为计量单位；因学术假期未能完成的教学工作量须在包含该假期的两年内完成。

五、申请学术假期的教师，如果同时承担研究生指导教师、班主任、研究所所长、院系领导等其他非课程教学职责，则该职责不因学术假期发生变化，不得以学术假期为理由回避各种应该承担的责任。

六、为保证教学秩序的稳定，我院每学期批准学术休假的人员不超过三人。

同济大学人文学院教授委员会

2011年12月

www.ingramcontent.com/pod-product-compliance
Lightning Source LLC
Chambersburg PA
CBHW020703260626
47157CB00008B/3110